METROPOLITAN

W0039145

Wir freuen uns über Ihr Interesse an diesem Buch. Gerne stellen wir Ihnen kostenlos zusätzliche Informationen zu diesem Programmsegment zur Verfügung. Bitte sprechen Sie uns an:

**E-Mail: metropolitan@walhalla.de
http://www.metropolitan.de**

Metropolitan Verlag, Uhlandstraße 44, 40237 Düsseldorf
Telefon: 02 11 / 6 80 42 11, Telefax: 02 11 / 6 80 20 82

Brigitta Lorenzoni
Wolfgang Bernhard

Professional Politeness

Die Anti-Ellbogen-Strategie
für Ihren persönlichen Auftritt
im Beruf und im Privatleben

METROPOLITAN VERLAG

METROPOLITAN *professional*

Die Deutsche Bibliothek – CIP-Einheitsaufnahme

Lorenzoni, Brigitta:
Professional Politeness : die Anti-Ellbogen-Strategie für
Ihren persönlichen Auftritt im Beruf und im Privatleben /
Brigitta Lorenzoni ; Wolfgang Bernhard. – Düsseldorf ;
Berlin : Metropolitan-Verl., 2001
(Metropolitan professional)
ISBN 3-89623-262-2 (Metropolitan-Verl.)
ISBN 3-8029-0262-9 (Walhalla-Fachverl.)

Zitiervorschlag:
Brigitta Lorenzoni/Wolfgang Bernhard,
Professional Politeness
Düsseldorf, Berlin 2001

Genehmigte Taschenbuchausgabe.

© Metropolitan Verlag, Düsseldorf, Berlin
Umschlaggestaltung: Gruber & König, Augsburg
Druck und Bindung: Westermann Druck Zwickau GmbH
Printed in Germany
ISBN 3-89623-262-2 (Metropolitan Verlag)
ISBN 3-8029-0262-9 (Walhalla Fachverlag)

Schnellübersicht

Nichts scheint zunächst unwichtiger
als die äußere Form menschlichen Handelns,
doch gibt es zugleich nichts,
das wir Menschen wichtiger nehmen.

Alexis de Tocqueville

Die Kunst, beständig freundlich zu sein

Wir haben ein Buch über Freundlichkeit, Zuvorkommenheit und die Kunst des Umgangs miteinander geschrieben. Und wir haben ein Buch über einen wertvollen und würdevollen Weg zum Erfolg geschrieben. Einen Weg des Erfolges, der nicht bei sich selbst beginnt, sondern beim anderen. Ein Erfolg, der die eigene Person herausfordert, um in vielen kleinen Schritten ein großes Ziel zu erreichen. Den persönlichen Aufstieg zu gesellschaftlicher Achtung, zu Anerkennung im Beruf wie im Privaten, zu Selbstrespekt und zur Wertschätzung des eigenen und fremden Handelns.

Wir werden dabei nicht die formalen Regeln des guten Benehmens aufgreifen. Wir zeigen auch keinen Weg auf, der zurückführt in die überlebten Formen des höfischen Verhaltens. Wir wollen zeigen, wie man durch freundliches Verhalten, durch höfliche Gesten und durch zuvorkommende Einstellungen mühelos zu Anerkennung und Wertschätzung gelangt. Dabei erreicht man dies frei allen rücksichtslosen Benehmens, ohne den Einsatz aggressiver Kommunikation und – wichtiger als alle Punkte davor – ohne die Abwertung anderer.

Mehr Gelassenheit, Strahlkraft und Selbstrespekt

Das zentrale Thema dieses Weges zum persönlichen Aufstieg und Erfolg ist jedoch die Rückwirkung auf uns selbst. Wer sich der »professionally polite« verschreibt, erreicht mühelos eine gehobene Stimmung und innere Stabilität. Hält man die Qualitäten der

»Professional Politeness« über längere Zeit aufrecht, erreicht man eine stetig größer werdende Gelassenheit, Strahlkraft und Selbstrespekt.

Das Versprechen, »Professional Politeness« befördere eine charismatische Persönlichkeit, wollen wir mit diesem Buch nicht geben; dies ist empirisch nicht belegbar. Alle beschriebenen Phänomene, Bewegungen, Verhaltensweisen und Regeln, entsprechen jedoch dem Auftreten von Persönlichkeiten, die durchwegs als charismatisch gelten können. Wir sprechen hierbei von Sir Peter Ustinov, John F. Kennedy, Heinz Rühmann, Sir Anthony Hopkins, Sean Connery, Lady Diana, Roger Moore sowie vielen Personen, die nicht im öffentlichen Leben stehen; deren Strahlkraft, innere Stärke und vollendete Kommunikation den vorab genannten Persönlichkeiten jedoch um nichts nachsteht oder denen es keineswegs an Ausdruckskraft fehlen läßt.

Wir wollen aufzeigen, daß es in unserer Hand liegt, die Welt der anderen zu bereichern und unsere eigene Welt um ein Vielfaches schöner zu gestalten, als wir es uns oft selbst erlauben.

Dr. Brigitta Lorenzoni und *Wolfgang Bernhard*

Um den Text gut lesbar zu halten, haben wir darauf verzichtet, sowohl männliche als auch weibliche Formen zu verwenden. Selbstverständlich ist jedes »Er« auch als »Sie« und jedes »man« auch als »frau« usw. interpretierbar.

Wie »Professional Politeness« entstanden ist

Wir arbeiten in unserem Vorgehen nach phänomenologischen Methoden. Wir sind also Menschen, die anderen Menschen möglichst genau zusehen und zuhören, als faszinierte Beobachter von menschlichem Handeln und menschlichem Reagieren.

Wir suchen nach Phänomenen, das heißt nach einfachen und zugleich klar definierbaren Anleitungen, die ein Prinzip erkennen lassen, sowie nach Verhaltensweisen, die aufzeigen, wie und wodurch eine besonders hohe Qualität erreicht werden kann.

Menschenbeobachtung

Wir haben große Menschen beobachtet und uns in die Situationen eingefühlt, die sie mit ihrem Charisma ausgelöst haben. Wir sind ihren Bewegungen, ihren Worten und ihren Verhaltensweisen nachgegangen.

Wir haben die Phänomene betrachtet, die dahinterliegen, wenn diese Persönlichkeiten mit einem einzigen Satz einen ganzen Raum verändert haben. Wir sind der Frage nachgegangen, wie es ihnen gelingt, von Hunderten, Tausenden oder sogar Millionen Menschen respektiert und geliebt zu werden.

Wir haben die Prinzipien der Strahlkraft gesucht, die jene Menschen entwickeln, wenn sie mit einer kleinen Geste jemanden bitten, voranzugehen oder sich hinzusetzen. Wir haben den Stil und den Ausdruck beobachtet, wenn sie mit einem ganz bestimmten Blick jemandem nachsehen. Und wir haben die hundert kleinen Verhaltensweisen studiert, die nur zu verstehen sind, wenn man die innere Einstellung versteht, die einzig und allein die Grundlage ist, warum es ihnen gelingt, diese besondere Strahlkraft zu entwickeln.

Persönliches Auftreten und Umgangsformen

Wir haben mit dieser Beobachtung vor 20 Jahren begonnen. Dabei sind wir natürlich nicht nur auf die Spuren der Freundlichkeit und der Höflichkeit gestoßen. Wir haben anfänglich nicht einmal danach gesucht. Aber wir haben nach vielen Erfahrungen und unzähligen Erlebnissen eingesehen, daß es keine Verhaltensweise gibt, die stärker und mächtiger die Herzen der Menschen bewegt, als die Kraft des äußerlichen Benehmens und die Form des Umgangs miteinander. Darin liegt die gesamte Persönlichkeit eines Menschen frei. Es ist wie das Serviertablett des Charakters. Es ist die äußere Präsentation des inneren Menschen. Es ist eine Kunst, die mehr Eindruck hinterläßt, als alles Wissen und alles Können, das man sich im übrigen aneignen kann.

Mit dieser Einsicht begann der lange Weg, einige hundert Phänomene zu beschreiben, die im äußeren Auftreten und im Umgang mit anderen Menschen die innere Qualität eines Menschen erkennbar machen. Schritt für Schritt hat sich daraus die Kunst der »Professional Politeness« entwickelt.

Wir haben gesehen, daß die Phänomene ihre Kraft in beide Richtungen des menschlichen Handelns entwickeln. Sie wirken von innen nach außen und von außen nach innen:

- Aus der inneren Einstellung heraus erwächst wie von selbst das eindrucksvolle und feinfühlige äußere Verhalten.

- Aus dem subtil gewordenen äußeren Verhalten erwächst im Laufe der Übung die größer und eindrucksvoller werdende innere Einstellung, der Charakter.

Qualität des Umgangs miteinander

Um unser Suchen unter eine klare Prämisse zu stellen, haben wir primär immer wieder die eine einfache Frage gestellt: Welches Wort, welche Handlung, welche Strategie oder welche einfache Geste befördern die Qualität des Umgangs miteinander?

Dabei sind wir beständig auf der Suche nach Personen und Persönlichkeiten, die dank ihrer menschlichen Reife so weit gekommen sind, daß ihre Bewegungen, ihre Sprache, ihre Tätigkeiten und ihr ganz persönlicher Stil durchdrungen sind von einer großen und zugleich einfachen Qualität: der Qualität der »Professional Politeness«.

Warum ausgerechnet »Professional Politeness«?

Auf die Frage, warum dies eine Kombination englischer Worte sein muß, ersuchen wir höflich, erst später antworten zu dürfen, da wir vorab einige Gedanken vorlegen müssen, um eine Antwort geben zu können, die den emotionalen sowie geschichtlichen Hintergrund darlegt, aus dem dieses Begriffspaar entstanden ist.

Als Definition für dieses Wortpaar verwenden wir allerdings gerne die Formel: »Professional Politeness« ist die Kunst, beständig freundlich zu sein.

Warum wir im Lauf unserer Forschungen gerade diesen Phänomenen unsere Kraft und Hingabe zugewendet haben, hat zudem noch ganz persönliche Gründe.

Weil wir, je länger wir im Umgang mit Menschen tätig sind, um so stärker am Gegenteil von Höflichkeit, Freundlichkeit und stilvollem Umgang miteinander leiden. Weil es uns schmerzt, wenn wir sehen, daß hochbegabte, verständige und kluge Menschen Schritte tun, die all ihr Können und all ihr Wissen in einem einzigen Augenblick zunichte machen. Weil eine kleine Wortwahl, eine kleine Geste und eine kleine Handlung den anderen vor den Kopf stoßen kann, ihn beleidigen kann, ihn herabwürdigen oder – am unglücklichsten – ihn in schlechte Stimmung versetzen kann.

Weil wir Schmerz empfinden, wenn wir sehen, wie Verkäuferinnen und Verkäufer, die von ihrem Wesen her liebenswürdig und einfühlsam sind, von einem Moment auf den anderen sich verändern, sobald sie ihren Arbeitsplatz betreten und dem ersten Kunden begegnen. Weil wir erleben, wie eine Person, die abseits des Kunden das glücklichste Lächeln und den fröhlichsten Ausdruck auf ihr Gesicht zaubern kann, erstarrt beim Anblick ihres Arbeitsplatzes und gleich einer Bulldogge agiert, die ihr Revier verteidigt und nur einen Wunsch zu kennen scheint: den Kunden zu vertreiben und selbst diesen Ort des Schreckens so rasch wie möglich zu verlassen.

Weil wir daran leiden, wenn wir täglich erleben, daß kleine Geschäfte oder große Ladenketten, winzige Abteilungen oder weltweit tätige Konzerne in einen aufreibenden Kampf verstrickt sind, der ausgelöst wird durch das unmögliche Verhalten eines einzelnen Menschen. Zumeist ist dies der oberste Boß selbst, oder es ist der Leiter einer Abteilung oder der Geschäftsführer oder derjenige, der sich für den Wichtigsten hält. Ein einziger, der nicht die Disziplin und Selbstbeherrschung aufbringen kann, seinem Verhalten Zügel anzulegen. Wir leiden daran, wenn wir erleben, wenn Worte, Gesten und Handlung nicht zur Beförderung der Stimmung eingesetzt werden und zur Mehrung der Achtung der Menschen untereinander, sondern vielmehr mit Worten und Verhaltensweisen Neid ausgelöst wird, Abwertung versprüht und 100 kleine Pfeile der Mißachtung abgeschossen werden, während rein äußerlich scheinbar alltägliche Kleinigkeiten abgehandelt werden.

Fast unerträglich wird es für uns, wenn wir erleben, daß die derart Agierenden sogar ehrlich glauben, mit ihrem Verhalten ein motivierender Ansporn zu sein!

Wir sind nur Mensch, wo wir auch menschlich behandelt werden

Viele Menschen, mit denen wir täglich arbeiten und sprechen, können leicht nachvollziehen, warum wir an solchen Situationen leiden, denn sie leiden ebenso wie wir. Es ist unzweifelhaft, daß man es auch als Nachteil ansehen kann, hier ein feineres Gefühl entwickelt zu haben, eine größere Genauigkeit im Erkennen und ein empfindlicheres Sensorium, das für das Verhalten von Menschen intensiv empfindet – mit dem ganzen Körper fühlt, ob jemand sich förderlich oder zerstörend verhält. Ein aufmerksamer Geist erkennt schon im Ansatz die Prinzipien, die hilfreich sind im Umgang miteinander. Ebenso leicht spürt man, wie alles Wertvolle und Bewahrenswerte in einem einzigen Moment vernichtet werden kann. Man kann durchaus so weit gehen und sagen, daß man mit ganzer Seele die Wirkung spürt, die ein Verhalten auf einen selbst und auf andere auszulösen imstande ist.

»Knigge« neu entdecken

Schon Knigge wollte den Begabten und Talentierten seiner Zeit ein Werk in die Hand geben, das es ihnen ermöglichen sollte, durch Arbeit am eigenen Charakter Umgangsformen zu entwickeln, die ihre Vorzüge angemessen zur Geltung bringen sollten, und sich nicht durch Ungeschicklichkeiten in Mißkredit zu bringen.

Wir wollen hier dem Meister der Verhaltensformen bewußt unseren Respekt zollen, denn sein Name wird nur fälschlicherweise dazu mißbraucht, ihn als den Erfinder des richtigen Umgangs mit Messer und Gabel heranzuziehen. Er war der größte und wichtigste Vertreter in einer traditionsreichen Reihe großer Persönlichkeiten, die ihre Kraft eingesetzt haben, die charakterliche Entwicklung eines Menschen mit seinem äußerlichen Verhalten in eine starke und wertmehrende Beziehung zu setzen.

Im dritten Kapitel »Im Beruf und im Privatleben erfolgreich auftreten« streben wir an, die Werte und Prinzipien vorzulegen, die Knigge bereits vor langer Zeit vorgelegt hat. Wir gehen sogar so weit, die Überschriften zum Teil im Originalton zu belassen, um dem Großmeister in seiner unverfälschten Ausdrucksweise wiederzugeben, seine Feinheiten zu belassen und seine angestrebte Wirkung nicht durch moderne Worte zu verfälschen.

In den Kommentaren zum neu entdeckten Knigge spiegeln wir dafür um so deutlicher wider, welche Sichtweise wir entdeckt haben, als wir die Anleitungen des Freiherrn von Knigge auf die modernen Umgangsformen angewandt haben. Zudem haben wir in Gesprächen erfahren, daß es leicht zu übersehen ist, welch feines Sensorium zugrunde liegen muß, will man den richtigen Ton treffen, die richtige Antwort geben und das rechte Verhalten erreichen, das Knigge mit seinen Anleitungen intendiert hat.

Wichtig scheint uns zudem, zu bemerken, daß wir noch nie jemanden getroffen haben, der es bereut hätte, solch ein verfeinertes Sensorium zu besitzen, der es missen möchte, die Feinheiten zu genießen, die im Umgang mit Menschen möglich sind. Jene Subtilität, die das eigene Lebensgefühl so facettenreich und so wohltuend bereichert.

Es ist der Genuß eines vielfältigen und äußerst wohltuenden Lebensgefühls, das aus der Kunst entspringt, sich »professionally polite« verhalten zu können!

Dabei sind jene Menschen, die über das feinste und subtilste Sensorium verfügen, in den seltensten Fällen Personen, denen man es »von weitem her ansehen« würde, daß sie so fein und so empfindsam sind. Es sind jedoch immer Persönlichkeiten, die auf ihre jeweils gewisse Art und Weise zurückhaltend und strahlend zugleich sind. Manchmal sind es sanfte und weiche menschliche Qualitäten, die solch eine Person prägen, manchmal ist es ein würdevolles Benehmen, das nur einer Lady oder einem Gentleman möglich ist, oft ist es ein kraftvolles Auftreten, das von großer Gelassenheit und innerer Ruhe geprägt ist. Oft ist es großes Selbstbewußtsein. Doch immer prägt menschliche Reife diese Personen.

Wer Freude sät, der erntet Freude

Wir sind zudem einer großen Zahl an Persönlichkeiten begegnet, seit wir mit den Phänomenen und Übungen der »Professional Politeness« auf Reisen gegangen sind, die uns ein überraschendes

Maß an Wohlwollen und Dankbarkeit entgegengebracht haben. Dessen waren wir uns nicht sicher, als wir die ersten Schritte in diese Richtung machten.

Zu Beginn dachten wir, daß man uns vielleicht als »weltfremd« und »naiv« ansehen würde, wenn wir davon sprechen, daß es eine Kunst gibt, die den Umgang mit Menschen stilvoll, würdevoll, respektvoll und menschlich zugleich machen würde und die gerade dadurch zu persönlichem und gesellschaftlichem Erfolg führt. Wir sind seither mit Hunderten Beweisen des Gegenteils überhäuft worden. Und wir haben ein immer größer werdendes Reservoir an Geschichten gesammelt, die davon erzählen, wie kleine Gesten der Wertschätzung das Leben um ein Vielfaches wertvoller und lebenswerter machen. Wie liebevolle und zugleich hochachtende Blicke eine Beziehung aufbauen können, die ein Leben lang hält. Wie gut gewählte Worte, die über etwas scheinbar Nebensächliches etwas Wunderschönes sagen, ein Gefühl tief empfundener Achtung füreinander auslösen können. – Von diesen und anderen Momenten wollen wir in diesem Buch sprechen.

Die Kunst
der Zwischentöne

1

1. Warum wir spüren, was richtig ist und was falsch ist

Wir sind Seismographen für Freundlichkeit, Zuvorkommenheit und Aufmerksamkeit. Wir achten den, der sie uns gibt, und meiden den, der sie uns vorenthält. Wir gewöhnen uns an alles, ausgenommen in einer Gesellschaft zu leben, die sich nicht derart benimmt, daß wir sagen können: Hier bin ich gern gesehen, hier bin ich gut und menschlich angenommen.

Wir sind nicht neutral, wenn es um den Umgang geht, den andere mit uns pflegen. Wir sind nicht gleichgültig, wenn andere uns einen wunderschönen Augenblick durch eine grobe und abfällige Bemerkung zerstören, weil sie glauben, daß sie das Recht haben, ärgerlich, mißmutig und launisch zu sein. Es ist uns nicht gleichgültig, wenn uns andere durch eine rohe Geste zeigen, daß wir lieber gehen sollen als bleiben. Wir reagieren sehr sensibel darauf, ob jemand unsere Tätigkeiten achtet und schätzt oder sie mit einer Bemerkung in den Schmutz zieht. Wir sind für feinste Zwischentöne anfällig.

Wir reagieren instinktiv darauf. Wir können fast nicht anders. Wir meiden diese Menschen. Wir ziehen uns zurück. Wir machen einen Bogen um sie. Wir nehmen lieber eine Schwierigkeit auf uns, als sie um etwas zu bitten. Wir sehen lieber ihren Mißerfolg als ihren Erfolg. Wir tun dies nicht aus Gemeinheit. Es fällt uns nur schwer, nicht so zu empfinden.

Achtung: Es verlangt Größe, darüber hinwegzusehen und aus vollem Herzen weiter für sie dazusein. Das schlimmste dabei ist jedoch, daß wir uns selbst dabei schlecht fühlen, wenn wir nicht großmütig sein können, wenn wir in ebenso kleinlicher Art reagieren, wie der andere zuvor reagiert hatte. Wir leiden an dieser – unserer eigenen – Kleinheit. Und das haben wir nicht verdient. Weder ausgelöst durch einen anderen noch durch uns selbst.

Warum wir für Schmerz empfänglicher sind

Leider sind wir nicht so sensibel für Freude wie für Schmerz. Der Moment, an dem uns jemand ein Lächeln schenkt, berührt uns angenehm. Wir danken es mit einem Lächeln, das wir zurücksenden. Wir freuen uns ein wenig und lassen es als kleine, angenehme Begebenheit in die Vergessenheit hinübergleiten. Wir erinnern uns, wenn wir wieder an einem Geschäft vorbeikommen, in dem man uns solch ein Lächeln geschenkt hat, wir treten gerne ein und verweilen ein wenig länger, wenn wir uns durch ein erneutes Lächeln wiederum eingeladen und aufgenommen fühlen. Aber wir sind nicht so konsequent in unserem Suchen nach Freude, wie wir es sind im Vermeiden von Schmerz.

Ist es sinnlos, freundlich und zuvorkommend zu sein?

Es ist die berühmte Behauptung, daß ein Kunde ein schlechtes Erlebnis 10 bis 15 anderen weitererzählt. Daß aber nur jeder zweite Kunde einem einzigen anderen weitererzählt, wenn ihm etwas Erfreuliches widerfahren ist.

Ist es also sinnlos, überdurchschnittlich freundlich und zuvorkommend zu sein? Oder reicht es aus, einfach neutral zu sein und nur nicht anzuecken, nichts Böses auszulösen und nicht unfreundlich zu sein? Soll man sich überhaupt die Mühe machen, eine Kunst der Freundlichkeit, der Höflichkeit und des Zuvorkommens einzuüben, wenn man damit so wenigen Menschen in Erinnerung bleibt?

Die Geschichte mit den zehn Kunden, die ein schlechtes Erlebnis weitererzählen, löst bei den meisten Geschäftsführern bereits genügend große Schmerzen aus, um sie dazu zu bewegen, zumindest diesen schlimmsten aller Fälle zu verhindern und sich zu bemühen, die Umgangsformen zu verbessern. Den Mitarbeitern bereitet dies jedoch kaum Schmerzen. Es erleichtert viel eher ihr Leben, wenn weniger Kunden zu ihnen kommen, die sie ja doch nur mit den Marotten der Kunden sich zu plagen haben, ihren Wünschen, ihren Eigenheiten und ihren Verrücktheiten. Es ist dies – wenn auch unausgesprochen – eher eine Verbesserung der Lebensqualität als eine Qual. Und die Frage nach der Sicherheit des Arbeitsplatzes, der dadurch gefährdet sei, löst bei weitem nicht so viel Schmerz aus als die Vorstellung von unmöglichen Kunden, die man unter Mühen und Sorgen zu bedienen hat.

Wichtig: Natürlich trifft dies nicht auf Verkäufer und Dienstleister zu, die eine klare Vorstellung davon haben, wie schön und spannend ihr Beruf in Wirklichkeit ist. Diese kennen die Herausforderung, einen Kunden dazu zu bringen, sich für die Ware zu begeistern, einem Menschen zu zeigen, daß er etwas Gutes für sich selbst tun kann. Sie sind die Profis. Sie wissen um die Lebensqualität, die man für sich selbst erreicht, wenn man erfolgreich ist als Verkäufer und Dienstleister. Sie wissen, daß man nur in diesen Berufen so nahe an Menschen herankommen kann. Sie kennen die Kraft und die innere Stärke, die man gewinnt, wenn man die Lebensqualität eines anderen bereichert, wenn man ihm eine Last abnimmt, ihm den Augenblick ein kleines bißchen schöner machen kann.

Aus dieser Vorstellung erwächst die Faszination der »Professional Politeness«. Wer diese Einstellung bereits besitzt, wird in den konkreten Hinweisen und Anleitungen hoffentlich vieles entdecken, um noch feiner, noch einfühlsamer, noch menschlicher agieren zu können.

Erfolgs-Tip:

»Professional Politeness« ist die Kunst, im Umgang mit Menschen Vortrefflichkeit zu erzielen.

Schwieriger ist es, jemandem diese Einstellung zu vermitteln, der weit entfernt davon ist, die Arbeit mit anderen Menschen als die höchste Form beruflicher Tätigkeit anzuerkennen. Die wohl häufigste Frage, die wir in diesem Zusammenhang gestellt bekommen, lautet: »Wie sage ich das meinen Mitarbeitern?«

Sehen wir uns deshalb an dieser Stelle die wichtigsten Schritte an, die zu einer professionellen Einstellung führen. Welche Fragen und welche Phänomene besitzen genügend Kraft, um als innere oder äußere Motivation zu dienen? Warum leiden wir an schlechtem Benehmen und unmöglichem Verhalten? Was kann mich dazu bewegen, meine Einstellung grundlegend zu ändern? Wie kann ich mein Verhalten beständig auf höchstem Niveau halten? Warum soll ich überhaupt beständig freundlich sein? Und: Was bewirkt dies alles für mich selbst?

2. Wie Einfühlungsvermögen und Stimmigkeit entstehen

Aus der Sichtweise eines Dritten ist es leichter erkennbar, warum wir leiden, wenn andere sich schlecht verhalten. Wenn wir in eine Situation kommen, in der jemand einen Dritten abfällig behandelt, spüren wir ein körperliches Unwohlsein, es »krampft sich alles zusammen«, wir leiden mit dem anderen und für den anderen, sofern wir nicht unser Einfühlungsvermögen vollkommen beiseite lassen. Wir tun dies, weil wir ein natürliches Empfinden besitzen für ein Verhalten, das Menschen in ihrer Würde achtet und das sie schätzt. Zugleich vermittelt uns dieses Empfinden ein Sensorium für ein Verhalten, das Menschen kleinmacht und diffamiert.

Wichtig: Wir haben eine vorprogrammierte Grundhaltung und Grundeinstellung, die beständig überprüft, ob die Welt um uns herum zwischenmenschlich in Ordnung ist oder nicht.

Vielleicht ist dies die wichtigste Fähigkeit, die menschliche Gemeinschaft überhaupt erst möglich macht. Es ist das Einfühlungsvermögen, das uns wissen läßt, ob wir uns innerhalb einer menschlichen Ordnung bewegen oder außerhalb. Die Fähigkeit, sich hineinleben zu können. Sie zeigt uns auf, welche Reaktionen wir hervorrufen durch unser Verhalten. Haben wir gerade etwas getan, das

Schmerz im anderen ausgelöst hat, oder ist es uns gelungen, Freude hervorzurufen? Haben wir jemanden in seiner Stimmung erhöht, oder haben wir seine Stimmung gedrückt oder sogar vernichtet?

Stimmigkeit ist der zweite Ausdruck, der unser Verhalten im gesellschaftlichen Kontext erklärbar macht. Das Einfühlungsvermögen läßt uns erkennen, welche Reaktionen wir auslösen durch unser Verhalten. Das Gefühl für Stimmigkeit läßt uns erkennen, ob die ausgelöste Reaktion übereinstimmt mit dem Weltbild des anderen. Sie läßt uns wissen, ob wir gerade einen Fauxpas begangen haben, ob wir uns einen groben Schnitzer geleistet haben, eine unpassende Bemerkung angebracht haben oder ob wir genau richtigliegen mit unserem Sprechen und Handeln.

In Kombination ergeben das Einfühlungsvermögen und das Gefühl für Stimmigkeit die Fähigkeit, sich in sozialen Situationen richtig oder falsch verhalten zu können:

- Richtig bedeutet, daß man sich in der Welt des anderen »stimmig« verhalten hat, und

- falsch bedeutet, daß man in der Welt des anderen Mißstimmung ausgelöst hat.

Das Gefühl für Stimmigkeit ist die wichtigste Fähigkeit, um sich in sozialen Systemen sicher bewegen zu können. Das Wissen um die eigene Wirkung auf Menschen hängt von dieser Fähigkeit ebenso sehr ab wie von der Fähigkeit, sich einfühlen zu können. Wir sind beständig aufgefordert, unsere Aussagen und Handlungen daraufhin zu überprüfen, ob sie in die Welt des anderen passen oder nicht.

Lernen Sie, zu fühlen, was richtig ist

Will der andere gerade ein wenig Ruhe haben, begehen wir einen Fauxpas, wenn wir auf ihn fröhlich, heiter einreden und immer weiter in ihn vordringen wollen. Ist der andere gerade müde und sieht sich um, wo er Platz nehmen kann, ist es unsere Aufgabe, zu wissen, ob es ihm nun angenehm ist, wenn wir ihm einen Stuhl bringen, oder ob wir ihn damit in Verlegenheit bringen, weil er sich dadurch in der Öffentlichkeit als schwächlich und kränklich bloßgestellt sieht. Es ist also nicht damit abgetan, der Regel zu folgen, daß man älteren oder schwächeren Personen prinzipiell einen Stuhl bringen solle. Es gilt zu fühlen, zu wissen oder taktvoll herauszufinden, ob das Bereitstellen eines Stuhles als angenehm oder als unangenehm empfunden würde. Oft ist es besser, einen Stuhl, der in der Nähe steht, frei zu räumen und ihn eher zufällig und unauffällig auf diese Art bereitzustellen. Dabei sieht man den Betroffenen bewußt nicht an, sondern gibt ihm eine Möglichkeit mehr, sich nach seinem eigenen Gefühl richtig verhalten zu können. Will man sich in unklaren Situationen richtig verhalten, muß man beständig zumindest zwei oder drei Möglichkeiten in seinem Inneren überprüfen und daraufhin auswählen, welche stimmig sein könnte. Hat man sich gefühlsmäßig für eine entschieden, ist es also der Versuch eines richtigen Verhaltens. Erst im erreichten Ergebnis, in das man sich einfühlt und dessen Stimmigkeit man überprüft, weiß man, ob sich die gewählte Variante als richtig erwiesen hat.

Erfolgs-Tip:

Je feiner das Einfühlungsvermögen eines Menschen ist, um so schneller erkennt dieses Sensorium, ob die begonnene Handlung das richtige Ergebnis zeigt oder ob es eher eine Mißstimmung auslöst. Im Zusammenspiel von Einfühlungsvermögen und dem Gefühl für Stimmigkeit entwickelt sich eine stets größere Wachsamkeit für stimmiges und unstimmiges Verhalten. Je länger man diese Kunst praktiziert, um so größer werden beide Fähigkeiten und um so größer wird das Vergnügen, das man selbst dabei empfindet, sich zu einem »Zauberer« zu verwandeln, der scheinbar Unsichtbares erkennen kann. Aus einer vollkommen alltäglichen Situation heraus entsteht plötzlich ein wunderbarer Moment, ein kleiner Edelstein des Miteinander.

3. Was aus Freundschaft werden kann

Es ist das Umfeld, das in vielen Fällen bestimmt, ob wir uns einfühlen wollen und Stimmigkeit erreichen wollen oder ob es uns gleichgültig ist. Wenn wir etwa mit Freunden zusammen sind, versuchen wir automatisch die Gedanken der Freunde aufzugreifen und passende Dinge dazu beizutragen. Unter Freunden gelingt es mühelos, ein hohes Maß an Stimmigkeit zu erreichen. Bezogen auf die Fähigkeit, Stimmigkeit fühlen zu können, bedeutet dies leider gar nichts. Denn es ist leicht, sich unter »seinesgleichen« auf eine gemeinsame Weltsicht zu einigen. Bis zu einem gewissen Grad ist das große Lob der freundschaftlichen Beziehungen sogar eine Grundursache, warum wir außerhalb dieser Beziehungsform so sehr in unserer Anstrengung nachgelassen haben, das Einfühlungsvermögen und die Fähigkeiten für das Erkennen von Stimmigkeit zu befördern.

Wenn Geschäfte, Abteilungen und Firmen als Freundeskreise, Subkulturen und Klubs geführt werden, reicht es jederzeit aus, sich »unter Freunden« verständigen zu können. Wird die Grenze solch einer Freundeswelt erreicht, kommt es leicht zu heftigen Auseinandersetzungen zwischen Welten, die füreinander keine Notwendigkeit der Einsicht aufbringen können.

Wie Freunde zu Fremden werden

Dies trifft auf den Kunden zu, die Nachbarabteilung und den Kollegenkreis, dem man nicht angehört. So werden bereits in der eigenen Abteilung alle Personen, die nicht als Freunde behandelt werden können, zu Fremden. Ihnen gegenüber muß man nicht mehr das Gefühl der Freundschaft aufbringen. Weder kann man dies, noch will man dies. Im engeren Sinne soll man es nicht einmal. Denn dieses besondere Gefühl der Freundschaft soll und muß besonderen Menschen vorbehalten bleiben, wirklichen Freunden, Menschen, die einem ganz nahe stehen. Das Prinzip der Freundschaft eignet sich folglich nicht, um in komplexen sozialen Beziehungen als allumfassendes Prinzip der Gemeinschaft dienen zu können.

Geraten wir mit Menschen aneinander, die uns teilweise oder völlig fremd sind und deren Verhalten wir nicht nachvollziehen können, bleiben die freundschaftlichen Bande vollkommen auf der Strecke. Steht uns jedoch kein eingeübtes Verhalten zur Verfügung, das wir »Fremden« gegenüber einsetzen können, dann versuchen wir, uns instinktiv von den anderen abzugrenzen. Unsere Welt bleibt dadurch stabil. Wir wissen, wen wir achten und wen wir schätzen. Den anderen schenken wir eine möglichst geringe Aufmerksamkeit. Unser Weltbild bleibt klar. In uns selbst bleiben wir stimmig.

Wie »Freunderlwirtschaft« entsteht

Wollen wir eine Motivation haben, uns in fremde Menschen einzufühlen und für sie dazusein, müssen wir eine andere Form der Beziehung finden als jene der Freundschaft. Der Weg der Gegenwart ist sehr oft jener, den anderen zum Partner zu erklären. »Wir gemeinsam gegen das Problem« – lautet die Devise. Unausgesprochen ist damit angelegt, daß ich es bin, der festlegt, daß der andere zu meinem Partner gemacht wird, ganz gleich, ob er dies nun will oder nicht. Es wird ignoriert, ob der andere gerne in einem größeren Abstand zu mir bleiben möchte, einem Abstand, den er als passender empfindet, der ihm angenehm ist.

Wichtig: Als Partner steht man weder höher noch tiefer, weder davor noch dahinter. Als Partner steht man an der Seite des anderen und gibt damit den Platz vor, den der andere einzunehmen hat. An meiner Seite. Punkt. Es ist dies die Hintertüre, um das Prinzip der Freundschaft wiedereinzuführen.

Es wird oftmals eine Nähe vorausgesetzt, die nicht gegeben ist. Es wird angenommen, daß der andere sich auf meine Seite schlagen wird oder daß ich mich auf seine Seite stelle. Dies in einem geschäftlichen Kontext als Beziehungsmuster für einen anderen vorzugeben ist, gelinde gesagt, eine Zumutung. Es widerspricht in der Essenz dem Wesen einer geschäftlichen Beziehung.

Achtung: Viele Club-Konzepte leiden an solchen und ähnlichen unwürdigen Vorstellungen, wie Menschen einander begegnen sollen oder müssen. Wirtschaft und Freunde sind aber zweierlei Beziehungsebenen. Die Vermischung beider ist Freunderlwirtschaft.

Es ist ein Spiel unter dem Titel: »Nur als Partner kann ich dich binden, kann dir helfen und will ich deinen Vorteil mehren.« Geffroy weist darauf hin, daß diese Art der »Kundenbindung« eine einseitige Bindung ist. Einer bindet. Und der Kunde ist gebunden.

Definitionen, die den Vorteil suchen und den anderen in eine bestimmte Rolle drängen, gehören dem Bereich der Macht an. Diese werden in der Wirtschaft ohnedies intensiv genug gelebt.

Erfolgs-Tip:

Wer seinem »Partner« die Freiheit geben will, eines Tages sich selbst als »Partner« zu definieren, der muß ihm die größtmögliche Freiheit einräumen und ihn mit Respekt und Achtung behandeln, bis er von sich aus diesen Schritt gehen will.

Was echte Partnerschaft ist

Zugleich wertet die Masse der Partner, die man so zu schaffen glaubt, die Beziehung zu echten Geschäftspartnern ab. Jemandem, dem ich jahrelang verbunden sein möchte, ihm blind meine Waren überlasse und ihm sogar mein Haus ohne Zögern gebe, damit er darin seine Geschäfte tätigen kann, dem bringe ich gleich einem Freund das allergrößte Gut entgegen, das ich besitze, bedingungsloses Vertrauen. Er ist tatsächlich mein Partner.

Eine Geschäftsbeziehung wird nur in seltenen Fällen auf solch eine Tiefe aufbauen können. An der Kassa im Schuhgeschäft, im Supermarkt, in der Möbelabteilung, zwischen Kollegen, die sich über ein Spezialthema zusammenfinden, um eine Lösung zu suchen, und zwischen Kellner und Gast besteht diese Beziehung nicht und ist auch nicht gefragt.

Mich dem Zwang zu unterwerfen, einem Kunden, dem ich vielleicht einmal im Leben begegne, das gleiche Gefühl entgegenzubringen wie einem wirklichen Freund oder Partner, kann weder gelingen, noch wertet es den Kunden auf ehrliche Weise auf, noch gibt es mir das Gefühl, stimmig zu handeln. Es ist der inflationäre Umgang, den wir mit den Worten Freundschaft und Partnerschaft treiben, der die Vorstellung nährt, daß wir allen Menschen nur als Partner und als Freund gegenübertreten sollen.

Was die Voraussetzung für eine gute Geschäftsbeziehung ist

Wir verlieren unter dem Gerede von Partnerschaft mit dem Kunden und Partnerschaft in einem Team sehr rasch das Gefühl für einen respektvollen und würdevollen Umgang miteinander. Man muß nicht der Partner eines Menschen sein, um ihm vertrauen zu können. Man muß ehrlich sein, aufrichtig und frei von Zweideutigkeiten. Dies begründet noch keine Partnerschaft, aber eine gute Beziehung.

Wenn wir den Wert des Kunden, des Gastes und des Kollegen respektieren wollen, müssen wir ihm als Persönlichkeit gegenübertreten. Als Persönlichkeit zu Persönlichkeit. In freier Rollenwahl zu freier Rollenwahl. Nur wenn wir ihn so frei definieren, geben wir ihm die Freiheit, zu sein, wie er sein will. Er soll nicht unter den Zwang gestellt werden, unser Partner sein zu müssen. Er soll nicht als Freund auftreten müssen, um bei uns angenommen zu werden. Und er soll sich nicht als Fremder fühlen müssen, dem wir kein Einfühlungsvermögen entgegenbringen. Er soll Persönlichkeit sein dürfen und als Persönlichkeit angenommen und wahrgenommen werden.

Diese Definition der Freiheit ist der zentrale Aspekt der »Professional Politeness«. Es ist die Freiheit, die dem anderen keinerlei Zwang auferlegt, die ihn weder drückt noch schiebt, die ihn nicht manipulieren will und ihn nicht durch Tricks und Finten beeinflussen will. Diese Definition von Freiheit geht davon aus, daß der andere seinen Weg gehen können soll, den er gehen will, und daß wir ihm dabei zu Diensten sind, mit sich und der Welt in Übereinstimmung zu sein.

4. Wie eine stimmige Welt aus Freude und Schmerz erzeugt wird

Der körperliche und seelische Genuß, den wir erhalten, wenn wir in einer Umwelt leben, die von Stimmigkeit geprägt ist, gehört zu den wichtigsten »Vergnügen«, die wir als Menschen besitzen. Wir halten es dagegen kaum aus – insofern wir psychisch gesund sind –, wenn wir in einer Welt leben, in der Menschen im Zustand größerer oder kleinerer Unstimmigkeiten leben.

Instinktiv fühlen wir, daß wir ein schreiendes Baby beruhigen müssen, wenn etwas es in ängstliche Stimmung versetzt hat. Wir trösten ein Kind, das durch eine Grobheit von Schulkollegen seelisch verletzt worden ist. Ohne zu zögern, stehen wir einem unglücklichen Menschen bei, der mit seinen Hoffnungen und Träumen gescheitert ist. Wir versuchen, die Welt wieder geradezurücken, sie wieder ins Lot zu bringen und die Übereinstimmung von Hoffnung, Vorstellung und Wirklichkeit wieder stimmig werden zu lassen. Wir versuchen, den Schmerz zu lindern, der ausgelöst wird durch die Härten des Lebens. Zugleich suchen wir nach großen und kleinen Dingen, die das Leben schöner machen und die Lebensfreude mehren.

Wie unser Verhalten geleitet wird

Unser Verhalten wird angeleitet durch die Vorstellungen, die wir mit Schmerz und mit Freude verbinden. Früher war das gesamte Sozialverhalten durch dieses Prinzip motiviert und geregelt. Es wurde sofort durch schmerzliche Strafen sanktioniert, wenn man im öffentlichen Benehmen gegen die guten Sitten verstieß. Wer einem anderen Schmerzen bereitete, weil er sein eigenes Verhalten nicht zügeln konnte, spürte postwendend, welchen Fehler er begangen hatte. Die Strafe, die auf dem Fuß folgte, war, daß man aus einem gesellschaftlichen Kreis ausgeschlossen wurde. Man wurde nicht mehr zu Festen eingeladen oder zu einem Treffen mit dem Fürsten und hatte damit alle Chancen vertan, in der Gunst des Regenten zu bleiben und die eigene Familie in Zukunft ernähren zu können. Die Gesellschaft war klein, und jeder hatte zu jedem ein fest geregeltes Verhältnis, dessen Verhaltensformen er aufrechtzuerhalten hatte. Das Ausgestoßen-Werden aus den gemeinschaftlichen Kreisen war die schlimmste Strafe, die denkbar war. Man wurde aller Möglichkeiten beraubt, alle Türen fielen zu. Niemand war bereit, für einen einzutreten. Wir haben dieses Repertoire möglicher Schmerzen dem Sozialstaat übergeben und ihn damit zum großen Bruder gemacht. Heute müssen wir uns nur noch den bürokratischen Regelungen der Sozialkassen unterwerfen und sind einzig vom Gesetzestext der Juristen abhängig. Niemand lehrt uns, was wir in welchem Kreis wie zu tun haben und was wir zu lassen haben. All diese möglichen Schmerzen sind fortgefallen – Gott sei Dank, dürfen wir sagen. Genau davon wollten wir uns letztlich befreien, als wir die Könige köpften und die Aristokratie aus dem Land vertrieben.

Achtung: Aber wir haben dabei die Kunst des Umgangs vergessen, die gelehrt hatte, was anderen weh tun könnte, was Unhöflichkeit bedeutet und welche Strafe auf eine abwertende Geste folgen könnte. Wir sind frei geworden vom Zwang der höfischen Verhaltensnormen, wir haben die Schranken überwunden, die uns an die verhaßten Regime gefesselt haben. Den Rest der Umgangsformen haben wir mit der 68er-Bewegung weggefegt. Der Umschwung setzte allerdings viel früher ein. Schon Alexis de Tocqueville stellte 1840 fest, daß »die Wirkung der Demokratie nicht so sehr darin bestehe, den Menschen bestimmte Umgangsformen beizubringen, als zu verhindern, daß sie keine haben.«

Als Gegenzug haben wir eine Kultur aufgebaut, die durch Verneinen und Ignorieren der Umgangsformen sich das Siegel der Freiheit aufzudrücken vorgibt. Wir sind von einer Form der Schmerzvermeidung in die andere geraten. Die alten Benimm-Regeln sind unerträglich geworden für uns. Wir leiden an ihnen mehr, als wir an sinnvollen und erfreulichen Dingen in ihnen entdecken können. Sie stimmen nicht mehr überein mit unseren Überzeugungen von Gleichheit, Freiheit und Individualität – sie sind nicht mehr glaubwürdig, also lassen wir sie links liegen. Man erinnert sich noch, daß es ein Handbuch genauer Höflichkeitsregeln gab; man weiß aber schon nicht mehr, was es enthält oder wo es zu finden ist. Uns ist das gemeinsame Gesetz des Benehmens einfach abhanden gekommen. Jeder ist bemüht, mit den Überresten der früheren Bräuche ein bestimmtes und zugleich willkürliches Regelwerk aufzustellen, nach dem wir uns verhalten. Tocqueville bemerkte dazu: »Die Umgangsformen besitzen weder die Regelmäßigkeit noch die Größe, die bei aristokratischen Völkern oft zu sehen ist. Sie sind gleichzeitig gehemmt und hemmungslos.«

Das Phänomen des richtigen Umgangs miteinander

Das Phänomen des richtigen Umgangs miteinander ist trotz aller Wirren, Revolutionen und Ausrottungsversuchen dennoch unangetastet geblieben. Denn die klassischen Benimm-Regeln hatten einen einzigen Zweck. Es ging ihnen darum, im Umgang miteinander jede Form von Schmerz zu vermeiden. Anleitungen für richtiges Verhalten zielten immer darauf ab, nicht in Fettnäpfe zu treten, keine Unpäßlichkeiten zu erzeugen und niemanden zu beleidigen oder vor das Schienbein zu treten. Es ist das tradierte, kultivierte Wissen um die Vermeidung von Schmerz und die Vermehrung von Lebensqualität im Umgang miteinander, das alle Benimm-Regeln ursprünglich motiviert hatte. Daran hat sich bis heute nichts geändert, wenn man auf zeitgemäße und moderne Formen des gesellschaftlichen Miteinander eingeht. Und es wird sich nichts daran ändern. Jede gehobene Form menschlichen Verhaltens zielt darauf ab, Schmerz zu vermeiden und Freude zu mehren. Darin kann auch »Professional Politeness« nicht die geringste Ausnahme machen. Vielmehr sehen wir uns strikt diesem Prinzip verpflichtet.

Wichtig: »Professional Politeness« ist die Kunst, im Umgang mit Menschen Schmerz zu vermeiden und Freude zu mehren.

Die wichtigste Änderung der Gegenwart besteht in der auslösenden Motivation. Früher genügte der Zwang von außen, um das Gleichgewicht von Freude und Schmerz in Balance zu halten. Von diesen Zwängen haben wir uns befreit. Jetzt sind wir selbstverantwortlich geworden. Wir haben die Freiheit, zu wählen, ob wir in unserem Umgang mit Menschen Schmerz vermeiden und Lebensfreude mehren oder ob wir das Gegenteil erreichen wollen. Zweites stellt sich mühelos von selbst ein. Die Kunst der »Professional Politeness« erfordert hingegen Einfühlungsvermögen, ein Gefühl für Stimmigkeit, Konsequenz und Übung.

5. Wie die Kunst der Selbstbeobachtung erlernt werden kann

Vor der Kunst der »Professional Politeness« steht die Kunst der Selbstbeobachtung. Da wir für unser Verhalten nun selbst verantwortlich geworden sind, müssen wir erkennen, in welchem Zustand wir uns selbst befinden, wenn wir unseren Umgang mit anderen pflegen. Für die Selbststeuerung unserer inneren Stimmungen dient, wie nicht anders zu erwarten, das gleiche System von Schmerz und Freude, das auch die Beziehungen zur Außenwelt regiert.

Kontrollierte Laborsituationen bestätigen, daß wir Angst- oder Wutzustände nicht aufrechterhalten können, wenn gleichzeitig ein körperlicher Zustand von Freude eingenommen wird. In Seminaren zeigen wir die Wirkung dieses Prinzips durch eine einfache Übung auf. Wir laden Sie ein, diese kleine Übung durchzuführen.

Übung: **Sich in gehobene Stimmung versetzen**

Richten Sie Ihren Körper auf. Sitzen Sie möglichst gerade und halten Sie nichts in den Händen. Strecken Sie nun die Hände über den Kopf zur Decke. Dazu sehen Sie mit strahlenden Augen die Decke an und lächeln ein sanftes, zufriedenes Lächeln. Tun Sie dies und versuchen Sie dabei gleichzeitig, sich depressiv zu fühlen. Die Decke anlächeln – und sich depressiv fühlen. Lächeln und depressiv fühlen.

Wer sich in diesen Zustand einer gehobenen Stimmung versetzt, kann sich unmöglich depressiv und unglücklich fühlen. Bereits eine einfache Bewegung, ein simples Lächeln versetzt uns in eine Stimmung der Heiterkeit, die durch einen Gedanken an Depression nicht verändert werden kann. Das Prinzip, das unser Körper hier nutzt, um eine beständig fröhliche Stimmung aufrechterhalten zu können, entspricht im doppelten Sinne einer »Selbst-Bestimmung«.

Wie Stimmungen verändert werden

Die Veränderung der Stimmung wird vor allem über eine Änderung des Muskeltonus ausgelöst. Der Muskeltonus ist so etwas wie die Grundstimmung, in der sich der Körper befindet. Wenn er gespannt und geladen ist, wird jede Reaktion, die vom Körper gefordert wird, gespannt und geladen sein. Ist er schlaff und lahm, wird auch jede Reaktion schlaff und lahm wirken. Es ist der Muskeltonus, der bestimmt, wie eine Bewegung ausgeführt wird.

Wird jemand etwa von einem Passanten auf der Straße übersehen und beinahe umgestoßen, so weicht der eine Mensch mit großer Geschicklichkeit und Wendigkeit aus, der andere wirkt hingegen plump und behäbig. Wieder ein anderer tänzelt förmlich um den Passanten herum und winkt diesem mit einem Lächeln nach; während ein anderer blind und starr in den Passanten hineinläuft, ungelenk hinfällt und darauf wütend und tobend in eine Schimpforgie ausbricht. All dies ist im Muskeltonus vorgespeichert, lange bevor der unachtsame Passant auf der Szene aufgetaucht ist.

Erfolgs-Tip:

- Der Muskeltonus ist wie die unhörbare Musik, die den Körper durchwebt und durchklingt.

- Dabei fühlt unser Geist pausenlos alle Muskelzellen ab und stellt sich auf die Informationen ein, die er aus dem Muskeltonus erfährt.

- Wir können uns nicht gegen unseren Muskeltonus wehren. Wir können nur dafür die Verantwortung übernehmen.

Jedes Lächeln verändert den Muskeltonus im Gesicht, jede zarte Handbewegung macht unsere innere Einstellung feiner und schöner. Einige ruhige Atemzüge beruhigen das sensible Nervensystem und steigern sanft und gleichmäßig die Empfindungsfähigkeit. Der Muskeltonus wird weicher und flexibler, die Wahrnehmungsfähigkeit nimmt spürbar zu. Viele Effekte dieser Art sind direkt erreichbar und liegen direkt und ungehindert in unserer individuellen Verantwortung. Im zweiten Kapitel werden wir zu diesen Effekten umfassende Anleitungen geben.

Der Muskeltonus ist wiederum von den Gedanken gesteuert, die wir in unserem Inneren aufkommen lassen. Wenn wir uns im Inneren als leichtfüßiger Tänzer fühlen, werden wir uns anders bewegen, als wenn wir wie ein großer schwerer Baum mitten im Leben stehen wollen. Unser Lebensmotto ist der direkte Draht zu unseren Muskeln und unseren Handlungen.

Wichtig: Die Gedanken, Einstellungen und Imaginationen jedes Menschen »gerinnen« gleichsam zu einer »inneren Melodie«, die sich im Muskeltonus in eine permanente »Stimmung« umwandelt.

6. Wie das Lebensmotto das Gefühl des Körpers bestimmt

Je gefühlvoller und emotionaler ein Lebensmotto aufgeladen ist, um so größer ist seine Kraft, die sich in die Muskeln ausdehnen kann. Wer sagt, es sei der Leitsatz seines Lebens, froh und glücklich zu sein, wird sich vollkommen anders verhalten als jener, der sagt: »Nicht auffallen, dann kann man nicht reinfallen.« Das Lebensmotto überträgt sich auf die Art, wie wir uns bewegen und wie wir in bestimmten Situationen reagieren. Aus dieser Überlegung ist der Begriff der »Professional Politeness« hervorgegangen. Denn es ist ein großer Unterschied zwischen den Vorstellungen, die wir unter den Begriffen »höflich«, »freundlich«, »zuvorkommend« und »polite« einnehmen können. Das Verhalten wird durch die Gefühle und Emotionen bestimmt, die wir damit verbinden.

Höflichkeit ruft unvermittelt die Vorstellung der Königshöfe mit all ihrer Falschheit und Schmeichelei hervor. Freundlichkeit ist sicherlich ein sehr gut besetztes Wort in dieser Auswahl. Zugleich ist es so etwas wie eine »natürliche Eigenschaft«. Es ist nichts, das man üben kann oder trainieren. Unter Freundlichkeit läßt sich nur schwer eine Kunstform verstehen, die man üben und perfektionieren kann. Dies wollten wir jedoch deutlich vermitteln. Daß es sich um eine Arbeit an sich selbst handelt, ein Verhalten, das die Fähigkeit des Einfühlungsvermögens und das Gefühl für Stimmigkeit befördert. Das letzte Wort – Zuvorkommenheit – wird von vielen, die wir befragt haben, leicht mit dem schlechten Geschmack des Unterwürfigen und der Heuchelei aufgeladen. Also haben wir auch dieses Wort vermieden.

»Politeness« löste hingegen bei den meisten Menschen, denen wir die Begriffe vorlegten, eine umfassende und stimmige Vorstellung aus, die unseren Intentionen entsprach. Im englischen Lexikon findet sich die Definition des »verfeinerten Verhaltens« (having refined manners). Im Wort »Politeness« liegt die Imagination, daß sich dahinter eine Kunstform verbirgt, die mit Liebe und Aufmerksamkeit gepflegt werden kann. Zugleich soll das Wort »Politeness« alle Qualitäten beinhalten, die im Deutschen angelegt sind.

Wichtig: »Politeness« ist das Wort, das wir vorschlagen, um in einem Wort folgende vier Eigenschaften auszudrücken: freundlich, höflich, zuvorkommend und verfeinert.

Erinnern wir uns, daß wir unsere Reaktionen nur bestimmen können, wenn wir unsere innere Einstellung selbst kontrollieren können. Die Freiheit, unser Verhalten wählen zu können, beginnt erst, wenn wir frei sind, unsere innere Einstellung bestimmen zu können. Um unsere Einstellung kontrollieren zu können, müssen wir an dieser Einstellung selbst beständig arbeiten.

7. Warum »Professional Politeness« Einstellungssache ist

Hier ist der Moment, an dem Sie eine weitere kleine Übung mit sich selbst durchführen können, um die Macht des Verhältnisses von Gedanken und Körper zu erfahren.

Macht der Gedanken

- Halten Sie einen Stift in Ihren Händen und berühren Sie ihn zart mit Ihren Fingerspitzen. Während Sie dies tun, halten Sie die Aufmerksamkeit auf der zarten, feinen Art, mit der Sie den Stift in den Händen spüren. Sehen Sie den Stift mit einem sanften, weichen Blick an. Lächeln Sie dazu ein sanftes, angenehmes Lächeln. Und während Sie weich und zärtlich den Stift ansehen und ihn zärtlich und fein in den Fingerspitzen halten und dabei sanft lächeln, versuchen Sie, sich brutal und gemein zu fühlen. Zärtlich den Stift halten und sich brutal und gemein fühlen.

- Halten Sie den Stift weiterhin in Ihren Händen, berühren Sie ihn wieder zärtlich und sanft mit Ihren Fingerspitzen. Während Sie dies tun, halten Sie die Aufmerksamkeit wieder auf der zarten und feinen Art, mit der Sie den Stift in den Händen spüren. Lächeln Sie dazu wieder ein sanftes, angenehmes Lächeln. Sprechen Sie nun laut, heftig und grob folgenden Satz aus:

»Du verdammter, dreckiger Stift!«

Halten Sie aber weiterhin den Stift zärtlich und fein. Und lächeln Sie weiter.

Beobachten Sie, was dabei in Ihnen geschieht? Kaum jemandem gelingt es, sich brutal und gemein zu fühlen während des ersten Teils der Übung. Wesentlich leichter wird es, wenn man den Satz sprechen darf. Viele Menschen können allerdings nur unter größter Mühe diesen Satz formulieren.

Wenn wir uns vor allem im zweiten Teil dieser Übung beobachten, stellen wir fest, daß wir in einen inneren Zwiespalt gelangen. Entweder verändern wir die Stimmung und halten den Stift zwar immer noch fein und zart, aber wir empfinden das zarte und feine Halten des Stiftes nicht mehr. Die Aufmerksamkeit wandert vom

Halten des Stiftes weg und verlagert sich auf das Sagen des Satzes. Wir müssen das Gefühl der Grobheit und Heftigkeit aufbauen, um diesen Satz sprechen zu können. Der Zauber der Berührung geht unweigerlich verloren.

Oder – und dies ist die häufigste Variante, wenn wir diese kleine Übung durchführen – die Stimmung wird zynisch und süffisant. Einerseits bleibt man rein äußerlich in dieser Stimmung, innerlich empfindet man aber bereits nicht mehr so. Die äußere Maske lächelt noch, aber innerlich fühlt man nichts mehr davon. Das Gefühl der Zärtlichkeit und der Sanftheit ist verflogen. Wir spüren, daß wir uns von uns selbst entfernen. Das Gefühl löst sich vom Tun. Das äußere Tun wird zur Lüge. Dies ist der tödliche Kreislauf jeder Unehrlichkeit und vor allem der Kultur des Zynismus. Der Zynismus entfernt uns von unseren direkten, warmen, menschlichen und echten Gefühlen zur Welt.

Achtung: Wir geben diesem Gedanken hier so viel Raum, weil er die Wurzel ist, an der die Dienstleistungskultur der Gegenwart zu zerbrechen droht. Äußerlich wird von vielen ein Lächeln abverlangt, ein freundlicher Gruß und ein herzliches Willkommen. Doch innerlich ist man mit seinen Mitarbeitern den Weg nicht gegangen, um in das Gefühl zu gelangen, das man braucht, um von innen her herzlich und freundlich sein zu können. Das echte Gefühl wird nicht bewußt. Es bleibt eine Maske, die beim geringsten Anlaß zerbricht. Und schlimmer: in Zynismus umschlägt.

Der Weg der »Professional Politeness« führt deshalb über das Bewußtsein der eigenen Stimmungen, die wir im eigenen Körper erzeugen. Dann führt er über den Geist, der diese Stimmungen ständig ernährt, bewahrt und erweitert. Der letzte Schritt geht hin zu komplexen Verhaltensweisen innerhalb der Gesellschaft, zu den »Strategemen der Professional Politeness« (siehe Seite 167 ff.), in denen der Körper und der Geist zu einer Einheit werden und immer größer werdende Einflußzonen erreichen.

Erfolgs-Tip:

- Es ist die Meisterschaft der »Politeness«, die eine Stimmung von Herzlichkeit, Freundlichkeit, Wärme und menschlicher Nähe sogar in anderen auslösen kann. Im Prinzip folgen jedoch alle Stufen der Entwicklung einem Grundgedanken: »Professional Politeness« ist die Kunst, Vortrefflichkeit im Umgang mit anderen und mit sich selbst zu erzielen.

- Wenn wir eine Abkürzung suchen, werden wir sie in Form von Benimm-Regeln am leichtesten finden. Aber wir werden die Kraft nicht freisetzen können, die in der Einheit von körperlicher Einstellung, geistiger Haltung und menschlicher Größe liegt.

8. Wie die Dienstleistung ins Abseits geraten ist

Auf der Suche nach der inneren Einstellung im Dienstleistungsbereich trifft man auf die größten Paradoxien. Wir sehen, daß die Menschen nur mit Mühe eine positive innere Haltung finden können, wenn sie vor der Aufgabe stehen, aus ganzem Herzen heraus freundlich, strahlend und aufmerksam zu sein.

Zwar hofft und erwartet jeder vom anderen, daß dieser einem freundlich, strahlend und zuvorkommend begegnet, selbst findet man aber nur schwer die innere Einstellung, sich beständig in dieser gehobenen, freundlichen und hellen Stimmung zu halten. Deutschland und Österreich liegen in den persönlichen Erfahrungen der Kunden und in den internationalen Statistiken weit abgeschlagen im hintersten Feld. Die »Servicewüste« Deutschland bringt es in eine gängige Formel.

Das Credo des unmöglichen Kunden

Eine Dienstleistungsgesellschaft entsteht durch das Verhalten der einzelnen darin und dem persönlichen Stil, den sie im Umgang miteinander pflegen. Je besser das Bild des Kunden ist, für den wir tätig werden, um so leichter fällt es uns, in einer gehobenen und freundlichen Stimmung zu bleiben. Negative Vorstellungen über den Kunden wirken sich ebenso unmittelbar auf die Stimmung aus, in der wir dem Kunden gegenübertreten. Eine der am häufigsten gehörten Aussagen von Dienstleistern, denen wir begegnen, lautet: »Wissen Sie eigentlich, wie unmöglich die Kunden sind?« Mit diesem Credo erkauft man sich das Recht, aggressiv oder übervorsichtig in den nächsten Kundenkontakt hineinzugehen. Man kann sich damit als Verkäufer legitimieren, daß man sich hinter einem Regal versteckt, daß man in leicht gereizter Kampfhaltung auf den Kunden zugeht und daß der geringste »Fehler« des Kunden genügt, um ihn in seine Schranken zu weisen.

Für einen Mitarbeiter im Lieferservice dient dieses Credo des unmöglichen Kunden, um die Waren mit dem geringstmöglichen Aufwand – und ohne den Ansatz eines Lächelns – hinter die Eingangstür zu schieben, um sofort wieder verschwinden zu können. Damit bleiben große und schwere Lieferungen die entscheidenden zehn Meter von ihrem Bestimmungsort in der Wohnung entfernt am Boden stehen. Kommt der Pizzadienst an die Tür, wird zwar geliefert, aber der freundliche und nette Ton, der als kommunikatives Gewürz die Lieferung erst zum erfreulichen Erlebnis macht, geht unter dem Gefühl verloren, daß man ja seitens des Kunden ungerecht behandelt werden könnte, schließlich könne dieser ja unmöglich sein. Das Credo des möglicherweise unmöglichen Kunden drückt die Stimmung der Dienstleister gewaltig. Sich diesem oder einem ähnlichen Credo zu unterwerfen löst eine Art permanenten Schmerz aus, der sich durch den Körper zieht, die Gedanken vergiftet und den Ausdruck bitter macht.

Weitere oft gehörte und beliebte Schmerzauslöser lauten: »Der Kunde will ja gar nicht kaufen. Warum sollte ich bei so jemandem besonders freundlich bleiben?« Oder: »Warum soll ich mich dabei dumm anreden lassen? Ich mache hier nur meinen Job.« Oder: »Wenn der Kunde verärgert sein kann, dann kann ich das auch.« Oft sind dies nicht direkt formulierte Aussagen. Hinterfragt man allerdings ein konkretes Verhalten, tauchen sehr rasch solche Formulierungen auf.

Ein begeisterter und vor Lebensfreude strahlender Verkäufer verkürzte die Diskussion in einem Gespräch mit uns auf eindrucksvolle Art. Er stellte die Frage, was denn an der Dienstleistung so furchtbar sein solle? Er würde verstehen, daß man unglücklich dreinschauen kann, wenn man Frösche und Wachteln schlachten müßte, wenn man von ihm verlangen würde, er solle Atombomben bauen, oder wenn er gezwungen wäre, eine südamerikanische Müllhalde nach Resten zu durchforsten. Aber man würde von ihm nur erwarten, daß er begeistert sei von dem, was er tue, und daß er darüber vor Freude strahlen solle. Er könne darin nicht das Geringste entdecken, das ihn unzufrieden, betrübt oder angewidert dreinsehen lassen sollte. Schließlich habe er einen ganz einfachen Beruf: er sei da, um Menschen zufrieden und glücklich zu machen. Deshalb sei er selbst zufrieden und glücklich, denn alles andere würde nicht den geringsten Sinn ergeben. Statistik und praktische Erfahrung widersprechen leider der offensichtlichen Einfachheit seiner Argumentation. Weit über 80 Prozent der Mitarbeiter im Dienstleistungsbereich haben den Zusammenhang von persönlichem Glück und dem Glück des anderen noch nicht entdeckt.

Dabei nimmt die Arbeitszeit laut diversen Studien etwa ein Drittel bis zur Hälfte der Lebenszeit ein, die man wach verbringt. Die Schulzeit wird in diesen Auswertungen ebenfalls in die Arbeitszeit mit aufgenommen. Lebt man diesen Teil des Lebens in gedrückter Stimmung, zerstört man unweigerlich die gesamte Einstellung zum Leben. Die Rückwirkungen auf den psychischen und physischen Apparat sind zu groß, als daß wir gegen die Hälfte unseres bewußt gelebten Lebens ankämpfen könnten.

Wie sich diese innere, negativ geprägte Arbeitseinstellung entwickelt hat

Für die Einschätzung, wie sich diese innere Einstellung gebildet hat, lohnt es, die Entwicklung dieser gesellschaftlich weitverbreiteten Haltung nachzuvollziehen. Arbeit, wie sie uns heute bekannt ist, ist geschichtlich gesehen, ein relativ neues Phänomen. Sie existierte überhaupt nicht vor der großen Agrarrevolution und dem Aufkommen der ersten Landwirtschaft. Dies liegt immerhin 12 000 Jahre zurück. Danach gab es die Arbeit des Bauern, die von Anfang an zumeist mit negativen Attributen belegt wurde. Zuerst von den Jägern und Sammlern, später von den rasch wachsenden Kriegerständen, die allesamt auf der Basis der bäuerlichen Arbeit ihre selbst bestimmte Freiheit ausleben konnten.

Die Römer und Griechen hielten gar nichts von der Arbeit. Dafür ließen sie Sklaven tätig werden. Aristoteles sprach von ihr als etwas, das unter allen Umständen gemieden werden müsse. Müßiggang war die angestrebte Lebensqualität der klassischen Griechen. Den Römern erschien die Arbeit unwürdig eines freien Mannes. Die Tätigkeit des Handelns zählten sie hier ebenfalls hinzu. Das Ideal lautete, daß man sich schließlich Land nehmen könne, sich eine Reihe von Aufsehern anstellig mache und den Rest von Sklaven erledigen lasse. Müßiggang gab den Reichen aller Zeiten die Möglichkeit, sich mit »wichtigeren« Dingen zu beschäftigen. Dem Erhalt der Macht, dem Krieg, der Politik und den vielfältigen Vergnügen. In der Arbeit fand man keine Herausforderung. Die Agrarrevolution in Europa brachte ähnliche Einstellungen der Herrscher und ihrer Knechte zutage.

Im 17. und 18. Jahrhundert begann der große Zuzug in die Städte. Bis zu 80 Prozent der Altersgruppe zwischen zwölf und 16 Jahren verließen die Bauernhöfe ihrer Eltern und suchten ihre erste Anstellung. Fast alle kamen in einem Bereich unter, den wir heute Dienstleistungsgewerbe nennen würden: Kohlenträger, Küchengehilfen, Hausmädchen, Wäscherinnen, Schuhputzer und Dienstboten aller Art. Wer als Jugendlicher in die Stadt zog, wußte und hoffte, daß er als Dienstbote unterkam. Es war fast so etwas wie ein Traum. Es war die Chance, dem Elend und der Armut des Bauernstandes zu entkommen. Die weitere Karriere konnte sich daraus entwickeln.

Amerikanische Jugendliche der Gegenwart tun praktisch das gleiche. Als sie von Csikszentmihalyi (Begründer der Flow-Psychologie) und anderen Psychologen befragt wurden, welche Berufserwartungen sie hätten, gaben sie an, sie würden Doktor, Rechtsanwalt, Manager, Lehrer und Athlet werden wollen. In genau dieser Reihenfolge auf der Beliebtheitsskala. Als ersten Schritt in ihren Berufsleben waren aber neun von zehn Jugendlichen im Dienstleistungsgewerbe tätig. Schon während der Schulzeit arbeiten sie – durchaus traditionell gewollt – als Babysitter, Kellner, Ticket-Verkäufer, Angestellte im Fast-Food-Bereich, als Gartenpfleger oder im Haus- und Küchenbereich von Privatpersonen, Hotels und Restaurants. Der große Unterschied bezogen auf die amerikanische Service-Kultur der »openess and friendliness« beginnt in genau diesem Alter.

Amerikanische Jugendliche sind stolz auf ihre ersten Einkünfte, die sie als Dienstleister erhalten. Generell werden sie von ihren Eltern dazu animiert, sich in diesen Jobs möglichst positiv hervorzutun, denn – so lautet der Tenor – dies würden die Jugendlichen im Leben noch oft und gut gebrauchen können. Sie würden den Umgang mit Menschen lernen, würden erfahren, wie es ist, wenn man jemandem eine Freude machen kann, und würden die Beziehung von einfacher Arbeit und ehrlichem Geld-Ver-Dienen schätzen lernen. Verstärkt wird diese Einstellung zur Arbeit und gleichzeitige Lebenseinstellung durch die amerikanische Mittelstandserziehung, in der eine natürliche Grundfreundlichkeit zum allgemeinen, üblichen und relativ selbstverständlichen Verhalten gehört.

Umgekehrt, so die Studie von Csikszentmihalyi, verhält es sich in Deutschland oder Japan. Teilzeitarbeit würde hier seitens der Eltern vor allem als Ablenkung von der eigentlichen Ausbildung betrachtet, die Schule und das Studium sollten rasch und ohne Unterbrechung vorangetrieben werden. Und wenn man schon tätig würde, so sollte die Arbeit möglichst im Bereich der künftigen beruflichen Arbeit liegen, um schon frühzeitig Erfahrungen auf einschlägigem Gebiet sammeln zu können. Dienstleistungen würden generell als minderwertige Tätigkeiten eingestuft und als Zeitverschwendung abgelehnt.

Ungebrochen wirkt sich hier der tradierte Begriff von Dienstleistung in Europa aus. Wir haben zwar siegreich die Aristokratie vertrieben und ihre Güter der staatlichen Oberaufsicht übergeben. Wovon wir uns nicht befreien konnten, ist das Gefühl, daß es eine Erniedrigung bedeutet, als Diener eines anderen zu agieren. Der kulturell geprägte Begriff des Dieners hat nie den Umschwung zum Dienen geschafft, also vom »Diener eines Herrn« zum »Dienen für einen Gleichberechtigten.« Oder wie es die amerikanischen Volksprediger erfolgreicher vermitteln konnten, als dies den europäischen Kirchenfürsten und Würdenträgern gelang, zum »Dienst an meinem Bruder«.

Warum bereits im Jugendalter das Berufsbild des Dienstleisters kennengelernt werden sollte

Csikszentmihalyi betont, daß die »Färbung eines Berufsbildes«, die in jungen Jahren geschieht, sich fast ungebrochen durch die Erfahrungen des restlichen Berufslebens weiterzieht. Eine grundsätzliche Liebe zum Dienst am anderen oder zu einer Abneigung gegenüber dieser Art der Arbeit lernen Jugendliche jedoch bereits in den ersten Schuljahren. Im Alter von zehn bis elf Jahren haben die Kinder die grundsätzliche Einstellung ihrer Eltern zu diesem Thema übernommen, ohne je die Chance gehabt zu haben, die Dienstleistung zu hinterfragen oder darin persönliche Erfahrungen zu sammeln. Die soziale Rollenerwartung und das Rollenbild wird in die allgemeinen Verhaltensmuster übernommen. In regelmäßig durchgeführten Umfragen in unseren Seminaren sind jeweils 80 bis 100 Prozent der Teilnehmer der Meinung, daß Dienen negativ sei und prinzipiell abzulehnen. Gefragt danach, welcher Begriff anstelle des Dienens sinnvoll wäre, lautet das häufigste genannte Wort: partnerschaftliches Verhalten. An dieser Stelle beginnt fast immer eine heftige Diskussion unter den Teilnehmern, ob Partnerschaft nun möglich sei, wenn man zum Beispiel einem Kunden etwas »über den Ladentisch« verkaufen würde, ob man sich als Partner fühlen könne, wenn der Kunde einen in Wahrheit als Diener behandeln würde, und ähnliche Gedankengänge.

Wichtig: Für den Einfluß auf das Berufsbild des Dienstleisters im Jugendalter wirkt eine andere traditionell gepflegte Vorstellung weit schlimmer als diese – zugegebenermaßen – etwas akademische Diskussion. Seien Sie bitte jetzt nicht überrascht, wenn hier an dieser »unakademischen Stelle« für einen Augenblick Karl Marx auf der Bildfläche erscheint. Sein Beitrag zur Realität ist so unakademisch wie irgend denkbar, obgleich sein Argument so akademisch ist wie ebenfalls nur denkbar. In Klartext: Marx behauptete, daß ein Arbeiter sich glücklich fühlen kann, während er arbeitet. In Wirklichkeit aber sei er nicht glücklich, denn er unterliege einer Selbsttäuschung. Die Wahrheit sei vielmehr, so Marx, daß der Arbeiter ein Ausgebeuteter des Systems sei und daß deshalb sein persönliches Gefühl für Glück und Zufriedenheit nicht das Geringste bedeute. Neben Marx haben sich auch Jean Paul Sartre, Michel Foucault, eine großen Reihe von Positivisten und Konstruktivisten diesem und einem ähnlichen Gedankenspiel angeschlossen. Trotz der Macht ihrer großen Namen innerhalb der Philosophie ändert sich für den einzelnen Arbeiter nicht das Geringste an der Tatsache, daß sich ein Mensch wohl fühlen kann und zufrieden sein kann während seiner Tätigkeit, ganz einfach aus dem Gefühl abgeleitet, daß es so ist. Es ist, aus dialektischer Sicht, ein Gesetz der Achtung vor dem anderen, daß man ihm Glauben schenkt, wenn er sagt, daß er sich glücklich und zufrieden fühle.

Warum dies nun eine ganz und gar nicht akademische Diskussion ist, liegt in der weitverbreiteten Einstellung und Haltung, die solche Argumente kreiert haben. Über viele Jahrzehnte hinweg bestimmte dieses Prinzip die Diskussionen in Gewerkschaftskreisen und Betriebsratsversammlungen, ohne in der Öffentlichkeit jemals als konkrete Argumente an der Oberfläche aufzutauchen. Dieses unbestimmte, aber dennoch gewisse Gefühl, daß die Arbeit nicht Spaß machen dürfe, weil man sonst ja irgendwie seine Ansprüche und seine Rechte aufgeben würde, zieht sich wie ein unbewußtes Skript durch die meisten dieser Diskussionen. Wenn sich ein Arbeiter oder Dienstleister wohl und glücklich fühlen würde, warum sollte er dann weitere Ansprüche stellen an seinen Arbeitgeber? Warum sollte er mehr Geld wollen – oder mehr Freizeit oder mehr Rechte?

Achtung: In einer Gesellschaft, die das individuelle Glück als höchstes Gut verehrt, kann solch ein Gedanke nur ungelegen kommen. Wer für einen anderen kämpfen will, muß für sein individuelles Glück kämpfen. Wenn er dafür selbst die Verantwortung übernimmt, kommt dies äußerst ungelegen. Es ist gleichsam unsittlich, davon auszugehen, daß ein Mensch glücklich, zufrieden und erfüllt sei in seiner Arbeit. – Dieser Untergrundstrom an Unzufriedenheit wird deshalb beständig genährt und gepflegt von immer noch zu vielen, die ihren Lebensunterhalt darin bestreiten, sich für das Wohl, die Zufriedenheit und das Glück anderer einzusetzen. Reinhard Sprenger bringt es in seinem Buch über das Prinzip Selbstverantwortung auf den Punkt. »Jemanden achten heißt vor allem: Nicht retten!«

Wir bitten, dies nicht als Abwertung der Arbeit von Gewerkschaften und Arbeitnehmervertretern zu sehen. Es scheint uns nur wichtig und gerecht, die Menschen in ihrer Verantwortung für ihren eigenen Glückszustand zu belassen und ihnen das Recht zu geben, sich uneingeschränkt glücklich fühlen zu dürfen, ganz gleich, welche sozialpolitische Idee die jeweilige Gegenwart beherrscht. Zugleich ist es kein Abbruch, daß ein Anspruch auf Gerechtigkeit und auf jede Form von Sozialhygiene besteht, womit der gesamte Bereich der Entlohnung und der Arbeitsbedingungen angesprochen ist.

Hingegen halten wir es für essentiell, den Machtanspruch aufzugeben, das Gefühl und die Befindlichkeit einer stets wachsenden Bevölkerungsgruppe durch Zwischentöne und politische Spiele beeinflussen zu wollen. Wir haben ein weit schwierigeres und größeres Thema, das es zu lösen gilt, wenn wir den gordischen Knoten der Unfreundlichkeit und der Geringschätzung langsam entwirren wollen oder – wer glaubt, es zu können – auch zu durchschlagen, die Fallstricke des Individualismus.

9. Warum das Problem des Individualismus so dringend geworden ist

Wir alle sehen Menschen, Krankenschwestern, Polizisten, Verkäufer, Manager und Lieferanten, die persönliche Freiheit mit ihrer persönlichen Launenhaftigkeit gleichsetzen und mit ihrem Recht auf individuellen Ausdruck. Kleine, in Egomanien verstrickte Handlungen werden als Haltung des Individualismus und der Freiheit gerechtfertigt.

Wir stehen nun vor der Herausforderung, eine Dienstleistungskultur zu befördern, die mit genau diesem Begriff der Freiheit und der Individualität umzugehen versteht. Stellt man die Frage nach einer Definition für den Begriff von Freiheit, ist die häufigste Antwort, die man erhält: »Freiheit heißt, das tun zu können, was man will.« Inbegriffen in dieser Definition ist meist: »Tun und auch lassen können, was man will.« Hegel sagt zu dieser Definition von Freiheit nur: »Dies ist die allergewöhnlichste Vorstellung, die man bei der Freiheit hat. Wenn man sagen hört, die Freiheit überhaupt sei dies, daß man tun könne, was man wolle, so kann solche Vorstellung nur für gänzlichen Mangel an Bildung des Gedankens genommen werden.«

Für diese Freiheit ist der andere immer das Problem. Wenn man davon ausgeht, daß auch dieser tun und lassen können soll, was er will, so beginnt mein Freiraum, wo der Freiraum des anderen endet. Sich nicht in die Quere kommen, nicht einander auf die Nerven gehen, sich möglichst nicht gegenseitig behindern wird zum gesellschaftlichen Prinzip für Gemeinsamkeit. Ansonsten will man seinen individuellen Willen möglichst ohne Schranken leben dürfen. Individualität wird zum höchsten Gut des Menschen.

Individualismus – ein junger Begriff

Der Individualismus ist – geschichtlich gesehen – eine Modeerscheinung der Gegenwart. Zur Mitte des 19. Jahrhunderts war der Begriff des Individualismus gerade erst aufgekommen. Tocqueville, der bedeutendste Analyst seiner Zeit betreffend der Fragen von Gesellschaft, Politik und Demokratie, schreibt dazu 1840: »Individualismus ist ein sehr junger Ausdruck. Unsere Vorfahren kannten nur die Selbstsucht.« Und er setzt fort: »Die Selbstsucht ist eine leidenschaftliche und übersteigerte Liebe zu sich selber, die den Menschen dazu treibt, alles nur auf sich zu beziehen und sich selbst vor allem den Vorzug zu geben.« Der Individualismus untergrabe, so seine Analyse, auf diese Art den Quell des öffentlichen Lebens – die Verhaltensweisen für das Agieren in der Gemeinschaft. Mit der fortschreitenden Demokratie, fährt Tocqueville fort, »wachse die Zahl der einzelnen Menschen, deren Reichtum und Macht zu gering ist, als daß sie einen großen Einfluß auf das Geschick ihrer Mitmenschen ausüben könnten. Diese sind niemandem etwas schuldig, sie erwarten sozusagen von niemandem etwas; sie gewöhnen sich daran, stets von den anderen gesondert zu bleiben, sie bilden sich gern ein, ihr ganzes Schicksal liege in ihren Händen. Tocqueville weiter: »So läßt die Demokratie jeden nicht nur seine Ahnen vergessen, sie verbirgt ihm auch seine Nachkommen und trennt ihn von seinen Zeitgenossen; sie führt ihn ständig auf sich allein zurück und droht ihn schließlich ganz und gar in der Einsamkeit seines eigenen Herzens einzuschließen.«

Warum der Kunde stört

Der Kunde als König hat ausgedient – so das zwangsläufige Ziel dieses Freiheitsbegriffes. Denn der Kunde zerstört meine Kreise der Freiheit. Er verhindert, daß ich tun und lassen kann, was ich will. Der Kunde hat seinen Willen, seine Wünsche und seine Stimmungen. Und ich bin es, der sich diesem Freiheitsanspruch des Kunden unterwerfen soll. Die vorprogrammierte Reaktion darauf lautet: Niemals. Das Ergebnis ist eindeutig: Der Kunde stört. Denn der Kunde zerstört meine Freiheit.

Als Kunde sehen wir natürlich nicht im geringsten ein, unser Recht auf die gleiche Definition von »Freiheit« aufgeben zu müssen. Als Kunde sehen wir uns selbstverständlich weiterhin als König. Denn als Kunde denken wir: »Ich zahle, also will ich.« Als Kunde erwarten wir, etwas fordern zu können. Wir erwarten, als Souverän bedient zu werden. Wir erwarten, daß man unseren Willen und unsere Wünsche anerkennt (womit die Definition für Souverän gegeben ist). Wir erwarten, daß wir tun können, was uns gefällt, und daß wir lassen können, was uns mißfällt.

Wenn wir als Kunde unseren Willen haben wollen dürfen, uns aber als Teil der Dienstleistungsgesellschaft uns dem Willen eines anderen unterwerfen sollen, so haben wir ein massives Problem. In einem Moment sind wir Kunde und König. Unser Wille zählt. Unsere Wünsche sind Gesetz, und unsere Vorstellungen sollten bestmöglich erfüllt werden. Im nächsten Moment stehen wir selbst einem Kunden gegenüber oder einem Mitarbeiter, der erwartet, daß wie ihn als »internen Kunden« behandeln. Von einem Moment auf den anderen hat sich die Welt umgekehrt. Wir sollen dem anderen die Wünsche von den Augen ablesen, uns einfühlen in sein Handeln und Denken und ihm eine Welt aufbauen, in der er König sein kann.

10. Wie Dienen, Service und Kultur sich verbinden

Wir haben offensichtlich ein Problem der Definition von Freiheit, Dienen und Dienstleistungsgesellschaft. Klar ist eines: Das Prinzip des Dienens wird nicht zurückkehren. Bleiben wir realistisch. Es ist so verdorrt wie die Prinzipien der Fürsten- und Königshöfe des 19. Jahrhunderts. Es ist unzeitgemäß und unpassend geworden. Damit bleibt die Frage, welches Prinzip an die Stelle des Dienens treten wird, wenn wir eine Dienstleistungskultur aufbauen wollen.

Das Wort »Leistung« im Wort Dienstleistung ist eine kleine Chance. Unter dem Wort Leistung haben wir positive Assoziationen subsumiert. Hier kann das Ich etwas leisten. Das Individuum kann sich verwirklichen. Zugleich bleibt aber dem Wort Dienstleistung das Dienen erhalten und bekommt einen schalen Geschmack für das Denken in den Termini der individuellen Freiheit.

Das Wort allein wird kaum etwas erreichen können. Wir werden den Begriff der Freiheit und der Individualität in einen sinnvollen Rahmen stellen müssen, um eine Kultur des Miteinander und Füreinander zu erreichen. Der Name »Service« ist der Versuch, ein wenig von der amerikanischen Kultur der Dienstleistung nach Europa herüberzuziehen. Was dabei nicht gelingen kann, ist die Einstellung der Gesellschaft, insbesondere der Eltern mit zu importieren, die von der Arbeit im Dienstleistungsbereich von Kindheitstagen an ein positiveres Bild zeichnen als ihre europäischen Zeitgenossen.

Abgesehen von wenigen Ausnahmen hat dieser Versuch nicht viel bewirkt. Nur einige amerikanische Konzerne haben es geschafft, mit dem Druck ihrer gesamten Unternehmenskultur einige der Prinzipien mit herüber zu retten.

Beispiele:

- Disney hat in Paris die schwierigsten Hürden in den vergangenen Jahren hinter sich gelassen, hat dabei jedoch viele Millionen als Lehrerfahrung in Sachen interkulturelles Management liegenlassen müssen. Die Diskussionen um das Verbot von Lippenstift und das Verbot des Tragens von Ohrringen wird dem Image von Disney Paris noch lange anhängen. Disney hat sich inzwischen in vieler Hinsicht europäisiert. Als gelungenes Beispiel kann es dennoch nicht herhalten. Denn in Euro-Disney besucht man gewissermaßen ein Stück amerikanische Gegenwartskultur auf europäischem Boden. Aus dieser Sicht heraus nehmen nicht nur die Besucher, sondern vor allem – und dies auch mit stets steigendem Vergnügen – die Mitarbeiter von Euro-Disney selbst die entsprechenden Rollen ein.

- Die McDonaldisierung der Servicekultur will in Europa ebenfalls nicht so recht greifen. Die Mitarbeiter sind durchaus überdurchschnittlich freundlich im Vergleich zu einem großen Teil der Mitarbeiter, die in europäischen Supermärkten oder Einkaufszentren ihren »Dienst« tun. Zugleich sind sie nie so freundlich wie eine Tante Emma am Eck oder ein Mitarbeiter, der von seiner Tätigkeit zutiefst überzeugt ist und seinen Beruf mit Einsatzfreude und Kraft ausführt. Immerhin wird ein halbautomatisiertes Mittelmaß der Freundlichkeit erreicht. Richtig europäisch wird diese gleichgeschaltete Freundlichkeit jedoch nie werden. Dafür ist der allgemeine Bildungsgrad in Europa zu hoch, das Selbstverständnis zu unpassend.

- Der japanische Ansatz, ritualisierte Höflichkeitsformen zu übernehmen, ist der am weitesten entfernte zu unserer Kultur. Die ANA-Grand-Hotel-Gruppe versuchte in ihrem Vorzeigehotel in Wien die wichtigsten Regeln an ihre europäischen Mitarbeiter weiterzugeben. Das maximal erreichbare Ziel lautete: Wir sollten zumindest vermeiden, unhöflich zu erscheinen. Gäste, die in ein Hotel kommen, auf dem eine Flagge Nippons weht, erwarten zumindest den Versuch, sich korrekt zu benehmen. In die Feinheiten der Verneigungsrituale sind nur die wenigsten Mitarbeiter vorgedrungen.

Auf der Suche nach einem europäischen Weg

Auf der Suche nach einem europäischen Weg müssen wir so weit wie möglich auf europäische Wurzeln zurückgreifen. Worin bestehen diese? Wir haben – quer über den Kontinent – noch immer ein tief verwurzeltes Verständnis für die Achtung voreinander. Modern formuliert bezeichnen wir diese Achtung voreinander als Menschenrechte. Die Wertschätzung des anderen als Mensch und als Persönlichkeit ist die Basis dieses Weltbildes. Die Frage lautet nun: Wenn dem wirklich so ist, warum gibt es nicht eine weitverbreitete aktive und ganz natürliche Wertschätzung voreinander? Ein freies und achtsames Reden und Arbeiten miteinander? Wer oder was hält uns davon ab, beständig freundlich, offen und zuvorkommend zueinander zu sein?

Unglücklicherweise schleppen wir eine schwere Last mit uns, die es oft unmöglich macht, ein freies, unbelastetes und offenes Verhältnis aufkommen zu lassen. Das europäische Problem ist die tradierte Motivation, mit der die Achtung zueinander aufrechterhalten wird. Es ist das Prinzip der Schuld. Richtiges und falsches Verhalten wird in der »Währung der Schuldzuweisung« abgehandelt. Es geht darum, daß jemand schuldig ist, wenn er etwas falsch gemacht hat. Und jener, der als schuldig erkannt ist, der soll dafür seine Buße tun. Er tut dies, indem er sich schuldig fühlt. An diesem Gefühl können sich dann jene »nähren«, die »richtig« gehandelt haben. Es geht um Erniedrigung und Herabwürdigung des anderen. Daß wir möglichst viel dazu tun, nicht »schuldig« zu sein, ist die selbstverständliche Reaktion. Das Spiel lautet: »Wer erwischt wird, den kann man unter das Joch der Schuld stellen.« Daß wir diesem dummen Spiel zu entwischen trachten, ist natürlich.

Kreislauf der Schuldgefühle unterbrechen

Der Unterschied liegt darin, wie wir loszukommen versuchen. Die Frage ist, ob wir es schaffen, uns gegen das dumme Prinzip zu stellen, das hier von Menschen vorgegeben wird, die sich als Sittenwächter fühlen und in die Fußstapfen der kirchlichen Hierarchie getreten sind. Es kommt alles darauf an, ob wir die Verantwortung übernehmen, alles Vergangene zu einer offenen und ehrlichen Aussprache zu bringen, bei der niemand das Recht hat, in der Währung der Schuld auf den anderen einzuschlagen. Ob wir dies aus der Position des sogenannten Schuldigen oder aus der Position tun, in der eine große Allgemeinheit glaubt, daß wir ein Recht ableiten können, als Beschuldiger aufzutreten, ist gleichgültig. Wichtig ist, daß der Kreislauf der Schuldgefühle endet.

Baldur Kirchner spricht von einer seelischen Verhärtung gegeneinander, die durch eine Kultur der Schuld und der Schuldzuweisung in Europa entstanden ist: »Die Menschen sind sich selbst und dem anderen zum Feind geworden. Es fällt ihnen schwer, aus dem Schatten ihrer gegenseitigen Vorwürfe herauszutreten. Ihre Beziehung wird von Schuld beherrscht.«

Festgefahrene Meinungen und Vorstellungen ändern

Schuld ist hierbei das emotionale Bewußtsein, gegen vereinbarte Normen verstoßen zu haben. Ohne Zweifel geschieht dies täglich und ist im praktischen Leben wohl kaum vermeidlich. Der Teufelskreis beginnt erst, wenn wir nicht mehr bereit sind, aus dieser seelischen Verhärtung gegeneinander auszusteigen. Es kommt zu einer »bösen Stimmung«, die durch den kleinsten Anlaß losgetreten werden kann. Die Vorstellung des unmöglichen Kunden ist solch eine festgefahrene Vorstellung, die im Kreis von Schuld und Schuldzuweisung sich verhärtet hat.

»Schuldgefühle«, so Kirchner, »kennzeichnen einen Grad negativen Gestimmtseins, in dem der einzelne seinem Wesen entfremdet wird.« Es ist eine Logik der Unterdrückung, die sich darin ausbreitet und wuchert. Und es ist eine der wichtigsten Aufgaben der »Politeness«, diesem Wuchern mit den Mitteln der schmerzfreien Kommunikation entgegenzutreten. Nicht zuletzt, weil es das Dienen und die Dienstleistung in das denkbar schlechteste Licht stellt, das nur möglich ist.

Es ist das Prinzip des unterworfenen Dieners schlechthin, das sich darin tradiert hat. Wer Schuld auf sich geladen hat, der muß sein Haupt in Scham beugen vor seinem Gott. In Abwesenheit Gottes unterwarf man sich symbolisch seinen Vertretern auf Erden. Vornehmlich den Priestern und Ordensleuten, indirekt aber auch den Herrschern von Gottes Gnaden, die ihre Hierarchie auf die göttliche Größe gründeten. All ihre Untertanen durften sich nicht gegen den Herrscher erheben, denn jedes Aufbegehren gegen ihn hätte ein Aufbegehren gegen Gott bedeutet. Mit dem Prinzip der Schuld übernimmt man die älteste und mächtigste Methode der Unterdrückung, die je von einem System erfunden worden ist.

Unsere Mütter und Väter haben in harten Kämpfen die äußerlichen Bande dieses Systems überwunden. Ihr herrschendes Prinzip ist zurückgeblieben. In der Sprache, in den Verhaltensweisen und in den Grundeinstellungen des Körpers. Das Temperament der Südländer, vornehmlich der Italiener und Spanier, hat die erdrückenden Auswirkungen mit einem leichteren Blut und einem sonnigeren Geist aufgeheitert. In Deutschland, Österreich, Polen, Tschechien, der Slowakei sowie den nordischen Ländern haben sich die Prinzipien der Schuld mit dem schwermütigeren Gemüt vermischt und eine zähe und träge emotionale Masse im Inneren vieler Menschen geformt, die nur schwer zu bewegen ist.

Leiden ist leichter als Handeln

So sagt Reinhard Sprenger. Genau darauf beruht aber das System der Schuld, wenn man es einsetzt, um sich selbst nicht ändern zu müssen. Die klassische Phrase dafür lautet: »Ich fühle mich ohnehin schon schuldig, was soll ich denn noch tun?« Mit diesem Satz kann man mühelos in das alte Verhalten zurückkehren. Man muß sich nicht ändern, man hat sich als »Gegengeschäft« ja bereits schuldig gefühlt.

Achtung: Wer sich schuldig fühlt, erkauft sich die Freiheit, sein unstimmiges Verhalten nicht ändern zu müssen.

Die Suche nach dem Schuldigen ist Bestandteil europäischer Arbeitskultur

Einfühlungsvermögen wird oft nur dafür genutzt, sich seiner Schuld bewußt zu sein oder, schlimmer noch, »den Schuldigen zu suchen«. Die Reaktionen sind vorprogrammiert. Aus langjähriger Beobachtung können wir eines ganz deutlich sagen. Die Zwischentöne in der europäischen, vor allem aber deutschsprachigen Kommunikation sind von der Frage nach Schuld nur so geschwängert. Bemerkungen wie »Warum hebt denn hier niemand dieses Papier auf, das habe ich schon hundertmal gesagt.« Oder: »Sieht denn hier niemand, daß dort drüben ein Kunde wartet, der nicht bedient wird.« Oder: »Wer hat mit Herrn X gesprochen, und warum bin ich davon nicht informiert worden.« Die Reihe solcher Sätze ist beliebig verlängerbar. Die Suche nach der Schuld, warum etwas nicht getan, nicht gesagt oder nicht gefragt wurde, ist das beliebteste Spiel, das zwischen Arbeitgebern und Arbeitnehmern und gleichermaßen unter Mitarbeitern aller Abteilungen gespielt wird.

Die Hoffnung dieser Motivation beruht darauf, daß der andere die Schmerzen spürt und in Zukunft aus dem Wunsch, diesen Schmerz zu vermeiden, nicht mehr das gleiche tut. Dieser Versuch ist ein vorprogrammierter Fehlschlag. Das einzige, das man erreicht, ist die Ablehnung des anderen. Auch dieses Prinzip ist tradiert: »Nur Gott oder sein Vertreter darf mir Schuld zusprechen. Mein Nachbar und mein Bruder ist in der gleichen Schuld geboren und lebt in der gleichen Schuld wie ich.« Niemand akzeptiert, daß er von einem »menschlich Gleichgestellten« einen Schmerz zugefügt bekommt. Nur die Illusion, man stehe hierarchisch höher, man sei vorgesetzt, nährt den Glauben an das Recht, jemanden in ein Gefühl der Schuld treiben zu können. Die Zeiten, in denen dies noch funktioniert hat, sind unweigerlich vorüber. Heute ist die einzige Form der Schmerzvermeidung, die ausgelöst wird, die Vermeidung, mit dem anderen noch etwas zu tun haben zu wollen.

Wettrennen der Suche nach der Schuld beginnt

Was ausgelöst wird, ist ein Wettrennen der Suche nach Schuld. Im Hintergrund laufen unweigerlich Gedanken nach dem Muster – Kehre vor deiner eigenen Tür: »Gerade du mußt so etwas sagen. Dabei bist du doch derjenige, der dieses und jenes nie tut, der etwa am Abend das Licht nicht abdreht, der sich nicht um den Kunden kümmert, weil du vorgibst, deine Abrechnungen machen zu müssen, oder der uns allein läßt, wenn es irgendwie unangenehm wird.«

So perfekt kann ein Mensch gar nicht sein, daß der andere nicht eine Schuld entdecken würde, die er »dagegen verrechnen« kann. Der Kreislauf der gegenseitigen Mißachtung läuft innerhalb weniger Minuten auf Hochtouren.

Achtung: Die Disziplin, solche Sätze nicht zu sprechen, kann nicht hoch genug angesetzt werden. Diese vollkommen unintelligente Methode der Menschenjagd verhindert, daß frei und losgelöst die richtige Handlung gesetzt wird. Statt die Dinge ins Lot zu rücken und das Leben zu genießen, beginnt eine Hetzjagd, die nicht erlahmt, bis der Schuldige gefunden ist. Dabei reicht es, daß der Schuldige sich zumindest schuldig fühlt, wenn man schon nicht erreicht, daß man den anderen ändern kann.

Genauer gesagt: Gerade darin liegt die Rache. Wer den anderen nicht ändern kann, kann sich zumindest an ihm rächen.

Schlechtes-Gewissen-Indoktrination
als Mitarbeitermotivation

Es ist dies die armseligste Art, Menschen zu motivieren, es ist die größte Leidensmaschinerie der psychologischen Alltagsgeschichte, die je entwickelt wurde. Es ist die Motivation über das schlechte Gewissen.

Nietzsche beschreibt diese Methode in vollkommener Klarheit: »Das schlechte Gewissen, das sich abgelöst hat vom Gottesbegriff, soll sich jetzt endgültig rückwärts wenden gegen den Menschen, in dem sich das schlechte Gewissen festsetzt, einfrißt, ausbreitet und polypenhaft in jede Breite und Tiefe wächst.«

Und wir vergessen in diesen Momenten leicht, daß wir auf einer großen Bühne stehen. Wir werden beständig beobachtet und interpretiert. Kunden und andere Mitarbeiter sehen und hören jeden Zwischenton, der in diesen Motivationsversuchen mitschwingt. Das schlimmste ist für sie daran, daß sie sich nicht einschalten können. Sie hören und spüren die Botschaft, aber sie haben kein Recht, sich einzumischen.

Durch das Einfühlungsvermögen ist man voll in die Situation mit eingeschlossen. Der Ausweg ist einem aber versperrt. Man kann nicht sinnvoll reagieren. Stellt man sich auf die Seite des Beschuldigten, nimmt man ihm die Verantwortung, sich selbst verteidigen zu können. Man gerät in die Situation des Retters. Und der Retter ist immer jener, der verliert. Ganz gleich, was er tut, die anderen hassen ihn dafür, daß er sich an ihre Stelle gesetzt hat. Dem einen hat er seine Eigenverantwortung genommen, dem anderen seine Lust der Unterdrückung.

Eine unerträgliche Situation für jeden, der in solch ein Umfeld gerät. Es bleibt ein Trugschluß, daß es der Kunde nicht merken würde, wenn innerhalb der Mitarbeiter solch eine Stimmung ausgebrochen ist. Er fühlt es, er spürt es, er weiß es. Und er hat keine Chance, etwas dagegen zu tun. Es wird unerträglich für ihn.

Erfolgs-Tip:

- Es gibt nur einen Ausweg aus diesem Dilemma: die schmerzfreie Form des Umgangs miteinander. Das täglich sich erweiternde Bewußtsein, welche Aussage und welche Handlung den anderen in den Kreislauf einer Schuldzuweisung verstrickt. Die Wachsamkeit, dem anderen keinen Schmerz zuzufügen, weder aus kleinlicher Rache noch aus Furcht, das Verhalten des anderen könnte schlimmer werden, noch aus dem eigenen Gefühl, sich nicht wohl zu fühlen, weil etwas nicht in Ordnung ist.

- Es gibt keinen Anlaß, an dem man dem anderen Schuld zuweisen kann. Es gibt nur einen Anlaß, an dem man etwas verändern kann. Handeln, eine Abmachung treffen, gemeinsam ein Ziel stecken, sich eine Aufgabe teilen, aus einem Problem ein Abenteuer machen, all dies ergibt Sinn.

- Schuld zuweisen und Schuldige suchen ist der Tod der menschlichen Achtung voreinander.

Greifen wir noch eine Sonderform der Schuldzuweisung auf, bevor wir uns nur noch der erfreulichen Seite der Medaille von Schmerzvermeidung und Gewinn an Lebensfreude zuwenden. Viele »altgediente Hasen« haben gelernt, sich im Inneren schlecht zu fühlen und äußerlich dennoch ein freundliches und glückliches Gesicht zu zeigen. Von dieser Form der Freundlichkeit kann nur abgeraten werden. Sie enthält das gesamte Gift des Zynismus, der sich in diesem Fall gegen sich selbst richtet. Je mehr man das äußere Verhalten vom inneren Lebensgefühl abspaltet, um so stärker wird die Zerrissenheit. Es lohnt sich nicht. Die Ergebnisse sind Krankheit, Unzufriedenheit und Einsamkeit. Das Leben ist zu schön, zu wertvoll und zu spannend, um sich von inneren Schuldzuweisungen zerreißen zu lassen.

11. Wie wir mehr Lebensfreude gewinnen

Wir werden von nun an den Vorschlag machen, sich beständig gut zu fühlen. Wir meinen damit nicht, so zu tun, als ob wir uns gut fühlen würden. Wir meinen es wörtlich und ohne Zwischentöne. Wir haben keine andere Chance, den Kreislauf von unpassendem Verhalten und schlechten Gefühlen zu durchbrechen. Es ist Zeit, ein oberstes Prinzip auszurufen, das den Umgang mit Menschen anleitet: Es geht uns gut.

Wir sind nicht für neutrale und gleichgültige Zustände geschaffen. Wir freuen uns über etwas, oder wir leiden an etwas. Wir gehen euphorisch auf den nächsten Schritt zu, oder wir drücken uns davor. Wir fühlen, daß etwas gutgehen wird, oder wir ahnen, daß es schieflaufen wird. Wir laden uns auf mit erfreulichen und angenehmen Gedanken, oder wir vergiften uns mit unerfreulichen und trüben Gedanken.

Das Prinzip der Lebensfreude

Dieses Prinzip wirkt nach innen wie nach außen. Wenn wir uns selbst mit Lebensfreude und Freundlichkeit aufladen, strahlen wir diese angenehme Lebensfreude nicht nur aus, wir werden davon auch selbst ergriffen. So kommen wir selbst und alle Menschen, die uns begegnen, in ihren Genuß. Hier beginnt der Individualismus, sich aus der Selbstsucht zu lösen.

Angenommen, alle Kunden dieser Welt wären furchtbar und unmöglich. Hieße dies, daß wir uns ein Leben lang furchtbar und unmöglich fühlen sollten? Wäre es nicht gerade die Aufgabe, uns besser und besser zu fühlen, je unmöglicher und je schrecklicher die Kunden sind? Ist es nicht die Herausforderung, sich die Freiheit zu nehmen, frei zu sein von der schlechten Stimmung der anderen, frei zu sein und seine eigene Stimmung selbst zu bestimmen.

Diese Art der Freiheit ist eine Freiheit, wie sie das Aikido lehrt. Der erste Schritt zur Freiheit ist, die schlechten Gedanken loszulassen, die man über einen anderen hegt. Die Meister dieser Kampfsportart sprechen von einem »Gleichgewicht des Schreckens«, wenn Menschen einander begegnen, die schlechte Gedanken voreinander hegen. Die Freiheit, die das Aikido lehrt, ist das Bewußtsein, daß der Gewinn an »innerer Kraft« und an »innerer Substanz« genügt, um jeden unbeherrschten und aggressiven Menschen schon vor der körperlichen oder geistigen Auseinandersetzung lenken, führen und verändern zu können.

»Professional Politeness« hat sich dem gleichen Grundgedanken verpflichtet. Ganz gleich, welche Reaktion der andere zeigt, ganz gleich, ob er in guter oder schlechter Laune uns begegnet, wir haben die Freiheit, uns selbst treu zu bleiben und eine menschenwürdige Stimmung in uns zu erhalten. Wir bleiben frei von äußeren Einflüssen, die uns hinunterziehen wollen. Wir bestimmen den Weg.

Erfolgs-Tip:

Es ist ein Weg des »Führens durch Ergänzung«, wie es das Aikido lehrt. Alle Techniken sind rein defensiv, von praktizierter Menschlichkeit durchdrungen und basieren auf den Gesetzen der natürlichen Harmonie. Folgerichtig wird im »Professional Politeness« gleich den Prinzipien des Aikido jede Form des Kampfes abgelehnt. Kommt es zu einem unausweichlichen Verteidigungsfall, werden die gegensätzlichen Kräfte aufgegriffen, umgelenkt und zu einem gemeinsamen Ziel vereinigt. Jede Kraft, die mir entgegenkommt, ist eine Kraft, die ich in eine Richtung lenken kann, die für uns beide gut ist.

Einen Teil des abschließenden Kapitels ab Seite 167 ff., das unter dem Titel »Strategeme der Politeness« steht, haben wir dieser höchsten Form der Verteidigungskunst im Umgang mit Menschen gewidmet. Es gibt allerdings keine Abkürzung dahin. Die Beherrschung der inneren Einstellung ist die Basis dieser Kunst.

Der Weg zu »Professional Politeness« in diesem Buch

Das folgende zweite Kapitel ist der Kunst gewidmet, seine innere Einstellung mit seinem körperlichen Handeln in Einklang zu bringen. Wir zeigen darin auf, wie man den Körper einstellt, um beständig freundlich zu sein, um eine innere Stabilität und Sicherheit zu erhalten, die jeder Anforderung standhält.

Das dritte Kapitel ist der Kunst gewidmet, in vielen kleinen Schritten die Gedanken, Vorstellungen und persönlichen Eigenschaften zu justieren, um in einem Zustand gehobener, freundlicher, heller und offener Gestimmtheit zu sein. Es ist dies der neu entdeckte Knigge. Seine wunderbaren Regeln, die ein Spielfeld eröffnen, an dem wir uns selbst messen können. An seinen Anleitungen können wir erproben, wie wir auf andere Menschen wirken und welche Reaktionen wir in ihnen auslösen. Wir können die ganze Verantwortung für unser Verhalten entfalten.

Und im vierten Kapitel zeigen wir letztlich auf, wie die Strategeme der »Politeness« wirksam werden. Voraussetzung dafür ist die körperlich-mentale Einstellung, die man in den einfachen Übungen des zweiten Kapitels und den Anleitungen des dritten Kapitels erreicht. Die Strategeme der »Politeness« formen sich in Folge wie von selbst, wenn man die Selbstdisziplin aufrechterhält, eine Vorstellung und eine Einstellung konstant aufrechtzuerhalten. Es ist die Kunst, eine Intention zur Wirklichkeit werden zu lassen. Die Intention, daß es gut ist, wenn es uns gutgeht und daß es gut ist, wenn es anderen gutgeht. Die Wirkung kann man sich daraufhin selbst überlassen. Nichts in der »Professional Politeness« zielt auf eine Wirkung ab, die man erreichen will. Die Wirkung stellt sich von selbst ein. Man muß nur auf sie warten können.

Erfolg er-folgt

Onassis sagte: »Man darf dem Erfolg nicht nachlaufen. Man muß ihm entgegengehen.« Der Versuch, Erfolg zu erzwingen, ist der mühsame, steinige und oftmals erfolglose Weg. Wir haben dieses Buch als ein Buch geschrieben, das einen Weg zum Erfolg aufzeigt. Wer ein Meister ist im Umgang mit anderen, mit den Kräften, die darin auftreten, mit den guten und schlechten Aspekten, mit den wertvollen und wertlosen, mit den schönen und mit den wundersamen, der jagt dem Erfolg nicht nach. Der Erfolg, er folgt ihm nach.

Das Geheimnis ist die Strahlkraft, die entsteht, wenn man sich den Regeln unterwirft, die aus dem korrekten, höflichen, freundlichen, richtigen und würdevollen Umgang mit Menschen hervorkommen. Die äußere Form des Umgangs mit anderen wird zum Charakter und ist zugleich ein Prüfstein des Charakters in jedem Moment. Es ist die Wirkung, die Sir Peter Ustinov, John F. Kennedy, Heinz Rühmann, Sir Anthony Hopkins, Sean Connery, Lady Diana, Roger Moore und so viele Personen entwickeln, die im Umgang mit anderen ihre Strahlkraft besitzen, die charismatisch wirkt. Es ist ein Erfolg, der nicht erzwungen wird, sondern erwartet, nicht aus kleiner Eitelkeit und Borniertheit heraus angestrebt wird, sondern aus der ruhigen Gewißheit, daß der Weg gut und richtig ist, den man eingeschlagen hat.

12. Warum wir Verantwortung für unser Verhalten haben

Wir glauben, daß Führungskräfte eine Verantwortung haben für den Stil, mit dem in ihren Unternehmen der Umgang miteinander gepflegt wird. Vielleicht ist es zu idealistisch gedacht, aber wir erleben täglich den Unterschied zwischen stilvollem und charakterlosem Umgang miteinander. Wir kennen keine andere soziale Ordnung, die noch Verantwortung übernehmen kann für den Umgang der Menschen untereinander. Die Kirchen haben sich zu weit entfernt von der Aufgabe, eine Haltung vorzugeben und vorzuleben, die für einen großen Teil der Menschen noch Gültigkeit hätte. Der Staat hat sich längst aus der Aufgabe verabschiedet, als Ordner der Sitten und der Gebräuche zu agieren. Wir sehen in den unternehmerischen Zusammenschlüssen die aktuell letzte Ordnungsform, die für soziales Agieren Verantwortung übernehmen kann. Wir glauben, daß es ein Teil der gesellschaftlichen Verantwortung des Unternehmertums geworden ist, diese Verantwortung für den Stil und die Würde des Umgangs der Menschen untereinander zu wahren. Weil andernfalls die Fähigkeiten, die gefordert sind, um einander mit Würde zu begegnen, zunehmend verlorengehen und die Gesellschaft stetig und unauffällig absinkt in ihren Verhaltensweisen, in weiten Kreisen sogar verroht.

Es gibt nichts Leichteres, als schlechte Verhaltensweisen zur Kultur werden zu lassen. Schlechtes Benehmen ist wie eine Viruserkrankung: Zuerst ergreift es den Organismus des Betroffenen. Es verdirbt seinen guten Geschmack und ergreift sein physisches und psychisches System. Die Stimmung fällt, und das Wohlbefinden schwindet. Der Geist wird sumpfig und launisch, die Augen verlieren an Strahlkraft, und das Gefühl zieht den Erkrankten tiefer und tiefer hinab in das Selbstbedauern und in die launenhafte Stimmung.

Noch bevor die Krankheit des schlechten Benehmens voll ausgebrochen ist, beginnt sie bereits, die Menschen in ihrem Umfeld anzustecken. Jene, deren Immunsystem am wenigsten Abwehrkräfte besitzt gegen die schlechte Stimmung, die der Erkrankte ausströmt, erkranken zuerst. Ihre Stimmung fällt rapide ab, ihr Lebensgeist versiegt, das Leuchten schwindet aus den Augen, und ihre Haltung verfällt.

Den Resistenten gelingt für eine gewisse Zeit, den unbewußt geführten Kampf zu gewinnen, dann aber reißt die immer größer werdende Menge erkrankter Menschen in ihrem Umfeld auch ihr Immunsystem mit. In einem letzten Aufbäumen werden sie noch einmal aggressiv gegen das Umfeld, das sie unweigerlich hinabzieht, dann versinken auch sie in Resignation. Sie verlassen den Ort, kehren zurück nach Hause und feiern krank. Das eigene Heim und der engste Freundeskreis werden zum rettenden Rückzugsort vor dem schlechten Benehmen da draußen.

Lebensart der »Politeness«

Wir haben dieses Buch geschrieben, weil wir die Feinheit lieben. Nicht die Feinheit, die in einem gekünstelten Verhalten liegt, wie es die Aristokratie oftmals vorgelebt hat. Nicht die ver-feinerte Lebensart, sondern die Lebensart der »Politeness«. Es liegt uns an der Feinheit des Empfindens, das gepflegt werden will, wenn es tiefer, sensibler und umfassender werden soll. Es liegt uns an der Feinheit, zu empfinden, was andere empfinden, an der Möglichkeit, sich selbst so einstellen zu können, daß im Umgang mit anderen ein Konzert entstehen kann. Eine Kunstform der Harmonie, die aus einer großen Zahl an Tönen schöpfen kann. Eine Welt, die nicht gezwungen ist, sich auf wenige große Hammerschläge reduziert zu sehen, die auf die Fähigkeit im Umgang miteinander Wert legt, die in der Vielfalt der Zwischentöne, der Variationen des Ausdrucks und im Reichtum der Bewegungen und Einstellungen miteinander ins Gespräch kommen will. Eine Welt, die einem einfachen Prinzip folgt, dem obersten Prinzip der Menschenrechte: Wir alle wollen mit Würde behandelt werden.

Achtsamkeit, Herzlichkeit und Gelassenheit gewinnen

2

1. Die Macht Ihrer Stimmungen

»Politeness« beginnt im Körper. Wir können besten Willens sein, freundlich und strahlend durch die Welt gehen zu wollen, wenn wir unseren Körper nicht in diese Stimmung versetzen, wird uns nichts von allem gelingen, das wir uns vorgenommen haben.

An dieser Stelle ist ein guter Platz, um sich von einer beliebten, aber grundfalschen Vorstellung zu befreien – der Idee, daß Gefühle im Kopf entstehen. Natürlich ist unser Gehirn mit im Spiel, wenn wir im Inneren Emotionen, Gefühle und Stimmungen erzeugen und erleben. Aber im Gehirn selbst hat noch nie jemand zu irgendeinem Zeitpunkt ein Gefühl gehabt. Gefühle und Stimmungen entstehen exklusiv in unserem Körper.

> **Erfolgs-Tip:**
>
> Emotionen, Stimmungen und Gefühle werden im Körper durch Bewegungen und Einstellungen der Muskeln und Gewebe erzeugt.

Der Psychologe William James hat vor etwa einem Jahrhundert bereits festgestellt: »Wenn wir uns ein starkes Gefühl vorstellen und dann versuchen, in unserem Bewußtsein jegliches Empfinden für seine Körpersymptome zu eliminieren, stellen wir fest, daß wir nichts zurückbehalten, keinen »Seelenstoff«, aus dem sich das Gefühl zusammensetzen ließe, daß ein kalter und neutraler Zustand intellektueller Wahrnehmung alles ist, was bleibt.«

Luc Ciompi hat in seinem Buch »Die emotionalen Grundlagen des Denkens« aufgezeigt, wie der Körper es schafft, sich in konstanten Stimmungen zu halten. Schlechte oder gute Laune werden, so zeigt Ciompi auf, als »innere Landschaften« im Körper verwirklicht. Der Körper speichert in bestimmten Muskelgruppen und in den Collagen-Bündeln der Sehnen sowie inneren Organen wie Leber, Lunge, Herz und Magen »differenzierte innere Landschaften« mit angenehmen und unangenehmen Zonen, gängigen Hauptstraßen, Nebenwegen, praktischen Abkürzungen und Tricks, aber auch mit »weißen Flecken« und »unlustkodierten Problembereichen«.

Es werden dabei »lustvolle und schmerzvolle Durchgänge« geschaffen, die zu immer größer werdenden ökonomischen »Lust- und Schmerzwegen« ausgebaut werden. Sozusagen Autobahnen innerhalb des Körpers, die für gute oder schlechte Stimmungen angelegt sind. Im großen und ganzen ist eine Stimmung ein momentaner Zustand dieser Körperlandschaft.

Vorsicht, wenn Stimmungen zur unreflektierten Selbstverständlichkeit werden

Kleine Bewegungen, bestimmte Begriffe, Eindrücke oder Bewegungen lösen Gefühle aus, die über diese »Autobahnen« blitzschnell erzeugt werden. Mit fortschreitender Automatisierung tritt das Bewußtsein weitgehend in den Hintergrund. Man nimmt nicht mehr wahr, daß man sich in bestimmten Stimmungen befindet. Ciompi spricht hier von Alltagslogik, die zur unreflektierten Selbstverständlichkeit geworden ist. Er weist darauf hin, daß in dieser selbstverständlich gewordenen Gefühlswelt, in der wir uns beständig befinden, das eigentliche Wunder der Emotionen und Gefühle liegt.

Er schließt damit wissenschaftlich an das sanfte Gesetz von Adalbert Stifter an, wenn er eindrucksvoll beweist, daß es die kleinen Stimmungen des Lebens sind, die um so viel beeindruckender sind als die scheinbar großen und sensationellen Ereignisse wie Streit, Wut, Euphorie oder Exaltiertheit. Wie stark unser gesamtes Leben davon beeinflußt ist, merken wir erst, so Ciompi, wenn sich etwas in der »Grundbefindlichkeit« verändert. Ciompi: »Waren wir zum Beispiel über längere Zeit vom Modus einer Angst-, Wut- oder auch Freudelogik beherrscht, mag uns, wenn überhaupt, erst dann bewußt werden, wenn sich unsere Grundstimmung merklich verändert, daß heißt, wenn eine neue Emotion auftritt.« Ciompi weiter: »Noch viel weniger bewußt ist in der Regel der subtile Einfluß jener leicht gedrückten, verspannten, gereizten oder auch gehobenen und fröhlichen entspannten Grundgestimmtheiten, die längerfristig unser Alltagsdenken und -verhalten (unsere Alltagslogik) organisieren: Je nach Stimmung nehmen wir – unabhängig von der ›objektiven Wirklichkeit‹ – um uns eine düstere oder fröhliche, aggressiv gespannte oder friedliche, angstvolle, traurige, schöne und liebe oder auch banale und sinnentleerte Welt wahr beziehungsweise konstruieren sie richtiggehend.«

Selbst Einstein beschreibt, daß er neben der Vorstellung innerer Bilder vorwiegend mit seinen Muskeln »denkt«: Einstein wörtlich: »Wörter oder Sprache in schriftlicher oder gesprochener Form scheinen keine Rolle in meinem Denkmechanismus zu spielen. Die psychischen Gebilde, die als Elemente des Denkens zu dienen scheinen, ... sind in meinem Fall von visueller und ... muskulärer Art. Nach konventionellen Wörtern oder Zeichen kann ich erst in einer zweiten Phase suchen.«

In diesem Abschnitt nutzen wir die Kraft, die im »Denken der Muskeln« steckt. Wir zeigen auf, wie man dieses Denken – je nach gewünschtem Effekt – radikal verändern kann. Es kommt nur auf die Deutlichkeit an, mit der man sich darauf einläßt, in diese Form des »Denkens« einzudringen.

Die Stimmungsmaschine

Grundstimmungen werden durch Bewegungen, Haltungen und Einstellungen unseres Körpers erzeugt. Wir sind es, die durch unsere innere Einstellung, die sich in der äußeren Einstellung widerspiegelt, unsere eigenen Gefühle erzeugen. Deshalb und darum sind wir dafür in einem hohen Maß selbst verantwortlich. Schon die kleinste Veränderung unserer Gesichtsmuskeln, eine kleine Geste oder eine kleine Veränderung des Blicks löst ein anderes Gefühl aus, erzeugt eine andere Stimmung. Der Körper bestimmt, wie wir uns fühlen.

Erinnern Sie sich an die Übung auf Seite 33, in der Sie die Hände zur Decke gestreckt haben und mit einem sanften Lächeln versucht haben, sich depressiv zu fühlen. Sie sind den Emotionen gefolgt, die Sie selbst ausgelöst haben. Sie haben dem Lächeln nichts entgegensetzen können. Die Muskeln Ihres Gesichts haben eine heitere und helle Stimmung ausgelöst, der Sie nicht widerstehen konnten.

Rituale bestimmen unsere Emotionen

Jede Emotion und jedes Gefühl, das wir in uns entdecken können, ist mit einer bestimmten, unverwechselbaren Mischung einzelner Körperzustände gekoppelt: eine Kombination aus Haltung, Geste, Mimik, Geschwindigkeit der Bewegungen sowie einer Einstellung der Augen und der Atmung. Es ist ein inneres Ritual, das wir abspielen, um in eine Emotion zu gelangen. Sich gerade zu halten, zu lächeln und dabei frei und locker zu atmen ist ein Ritual.

Beispiel: _____

- Wenn Sie gerne ein Ritual haben möchten, mit dem Sie möglichst rasch in eine Depression verfallen können, ist es ratsam, folgende fünf Punkte zu beachten: Sich langsam bewegen, mit den Augen ins Leere starren, dabei flach und energielos ein- und ausatmen, die Schultern nach vorne sinken lassen und den Kopf möglichst lustlos hängen lassen.

- Wenn Sie dies genau einhalten und über mehrere Minuten durchhalten, fühlen Sie sich unter Garantie depressiv.

- Wenn Sie diesen Zustand verlassen wollen, brauchen Sie nur Ihre Körperhaltung zu ändern.

Übung: Anleitung zum augenblicklich erreichten Wohlbefinden

- Gerade sitzen oder stehen.

- Die Beine leicht geöffnet halten.

- Den Oberkörper aufrecht halten.

- Die Schultern gerade halten.

- Sich ein wenig in die Brust werfen.

- Frei und zugleich leicht durchatmen.

- Ein sanftes Lächeln auf die Wangen zaubern.

- Den Kopf langsam hochnehmen, bis er leicht nach oben weist.

- Sich ein wenig hin- und herwiegen.

- Im Inneren mit einer weichen und liebevollen Stimme zu sich selbst sprechen.

Wir haben eine Vielzahl an Ritualen, um uns wunderbar zu fühlen, energiegeladen, aufmerksam, sicher, stark und wunderbar. Wir haben – vor allem in Europa – aber eine weitaus größere Zahl an Ritualen, um uns unzufrieden, unsicher, aggressiv, zynisch, beleidigt, frustriert, miserabel, einsam oder gelangweilt zu fühlen. Und wir sind sehr schwer dazu zu »bewegen«, uns anders »einzustellen«. Wir lieben es oft geradezu, in diesen Zuständen zu verharren. Zudem ist den meisten Menschen die Breite und Vielzahl der Gefühle und Stimmungen, die sie einnehmen können, überhaupt nicht bewußt. Sie limitieren sich auf fünf oder zehn Grundstimmungen, die sie täglich mehrmals wechseln. Es scheint, als würde es sie mehr kosten, in 100 oder 150 unterschiedlichen Gefühlen ihren Tag zu verbringen. Viele Menschen denken auch, es würden nur die »großen Emotionen« zählen. Sie sind stolz auf ihre »Ehrlichkeit«, wenn sie in Wut ausbrechen, sich in ihrem Zorn gehenlassen oder in eine lang anhaltende tiefe Stimmung des Selbstmitleids verfallen, wodurch sie ihre Umgebung für Monate oder Jahre hinweg in ihrer Gewalt halten können.

In dieser Philosophie herrscht eine Armut an Stimmungen vor, ein Notstand der Emotionen. Wir haben einen wunderbaren Körper bekommen, der uns vielfältige und einzigartige Gefühle erlaubt. Geben wir ihm die Freiheit, daß er für uns das Beste tun kann, das in ihm steckt.

Wichtig: Um die körperliche Einstellung für »Professional Politeness« zu erreichen, müssen wir uns drei grundlegende Stimmungen und Gefühle erschließen. Es sind dies Achtsamkeit, Herzlichkeit und Gelassenheit.

»Politeness« wird aus diesen drei Stimmungen »geboren.« In der Achtsamkeit liegt der Genuß, die Welt intensiv und umfassend wahrzunehmen. Wir erleben alles um uns herum klarer und mit hellem Geist. Herzlichkeit ist die schönste und wichtigste Stimmung überhaupt. Sie leitet »Professional Politeness« an. Aus der Herzlichkeit heraus erwächst der Umgang mit Menschen, der durch und durch ehrlich darum bemüht ist, den anderen zu achten, ihn zu schätzen und ihm mit Einfühlungsvermögen und dem Gefühl für Stimmigkeit zu begegnen. Die Gelassenheit ist der Genuß der Ruhe, der Sicherheit und der Klarheit. Sie gibt uns die Kraft und die Lebensfreude, aus der heraus wir beständig freundlich, heiter und zuvorkommend sein können.

Eine Frage der Ehrlichkeit

Ehrlichkeit ist die Eigenschaft, die wir nicht in die Stimmungen der »Professional Politeness« aufgenommen haben, weil wir sie voraussetzen müssen. Ehrlichkeit ist nach außen hin eine Eigenschaft. Bei genauer Betrachtung entdecken wir, daß sie elementar damit zu tun hat, wie wir uns in unserem Körper einstellen. Warum ist der Körper so elementar an der Ehrlichkeit beteiligt?

Von den drei Kardinaltugenden der »Politeness«, Achtsamkeit, Herzlichkeit und Gelassenheit, ist die Herzlichkeit die allerwichtigste. Ohne Herzlichkeit wird jede Höflichkeitsgeste zum leeren und gefühllosen Tun. Sie wird falsch und verlogen. Und diese Unehrlichkeit hat eine »körperliche« Methode. Eine innere Einstellung, die ganz wörtlich gesprochen, das Herz vom Kopf trennt. Das Wort Herzlichkeit deutet bereits darauf hin, daß es sich um eine körperliche Einstellung handelt: Die Einstellung des Herzens. Es geht darum, alles, das wir tun, vom Herzen her zu empfinden. Ehrlich zu empfinden. Für dieses ehrliche und echte Gefühl haben wir aber einen großen Gegenspieler, der mit mächtigen Instrumenten ausgestattet ist, das Herz zu betrügen: unseren Kopf.

Erinnern Sie sich bitte an die Übung mit dem Stift auf Seite 37, bei der Sie einen groben und heftigen Satz nur sprechen konnten, wenn Sie sich vom feinen und zarten Gefühl distanziert haben, das Sie in Ihren Fingern gespürt hatten. Es sieht so aus, als wenn es uns gelingen kann, äußerlich unverändert zu bleiben, während wir uns im Inneren gefühlsmäßig verändern. Es scheint, als ob wir einen groben Gedanken produzieren können und einen groben Satz sprechen können, ohne unseren Körper dafür anders einzustellen. Wir glauben vielleicht, daß wir damit den Körper überlisten können. In Wirklichkeit haben wir uns nur schlecht beobachtet. Denn selbstverständlich ist es dem Gehirn nicht gelungen, ein Gefühl »selbst zu produzieren«. Das Denken hat augenblicklich körperliche Reaktionen ausgelöst, um das Gefühl des Groben und Heftigen irgendwo im Körper zu produzieren, um es für den laut gesprochenen Satz nutzen zu können – eine kleine Verspannung in den Fingern und in den Schultern, eine flachere und leicht gepreßte Atmung, vielleicht eine Spannung der Rückenmuskeln in den Lendenwirbeln und mit größter Wahrscheinlichkeit eine Härte der Nackenmuskeln, die den Kopf stabil, fest und unbeweglich sein ließen. Wir haben den Körper in das Gefühl des Groben versetzt, während wir mit den Fingern und der Mimik noch immer versucht haben, zärtlich zu bleiben.

Diese Methode verwenden alle, die äußerlich freundlich sind, innerlich aber etwas anderes denken und empfinden. Ein Gefühl der Mißachtung, der Geringschätzung, der Aggression, der Frustration oder der Langeweile. Es ist der zynische Weg einer scheinbaren Freundlichkeit. Es ist eine selbst- oder fremdverordnete Freundlichkeit. Eine falsche Freundlichkeit. Ziel jedes ehrlichen Umgangs mit Menschen ist ein Höchstmaß an Übereinstimmung von Denken und Fühlen. Wir können uns äußerlich nur »polite« verhalten, wenn wir es auch in den Gedanken und Gefühlen sind.

Erfolgs-Tip:

»Politeness« beruht auf der Einheit von Wort und Gefühl. »Professional Politeness« kann nur vom Herzen her gelebt werden, von der Einheit des Körpers mit den Gedanken. Die Spaltung von Fühlen und Denken ist der Weg in die Heuchelei und der Tod der »Politeness«.

Aus dieser Spaltung von Denken und Fühlen ist die heuchlerische, schmeichlerische und falsche Höflichkeit an den Königshöfen entstanden. Kinder, die noch nicht seelisch verletzt worden sind, leben beständig in der Einheit von Fühlen und Wollen. Erst die Begegnung mit der gespaltenen Welt der Erwachsenen lehrt sie, das Gefühl vom Denken abzukoppeln. Wenn sie diese Abspaltung lernen, werden sie »erwachsen«. Das typische Zeichen dafür ist das Aufkommen der ersten abfälligen Bemerkungen gegen andere und der ersten Taten, die nicht mehr »unschuldig« sind. Vollends erlernt ist dieses Muster der Gespaltenheit, wenn die ersten zynischen Scherze aus einem Kindermund kommen. Dann hat das Kind diese Trennung von Herz und von Hirn erlernt. Das freudige Lachen der Eltern, die es im ersten Moment herzig und niedlich finden, daß ein »solch kleiner Kindermund« schon so »intelligente« Bemerkungen machen kann, vertieft das gerade gelernte Muster im Kind für alle Zeiten. Es hat Erfolg in der Erwachsenenwelt erreicht. Es wird von den Großen geliebt, weil es scheinbar etwas Großes gesagt hat. Der Weg zum Erfolg durch Zynismus ist frei. Die ersten mentalen Ellbogen sind gespitzt.

Der Zynismus ist der Tod aller »Politeness«

Er trennt den Kopf vom Körper ab. Er trennt das Herz vom Denken ab. Er lähmt das Gefühl alles Echten und Ehrlichen. Er ist die größte Lüge gegen sich selbst. Der Zynismus ist der Guerillakrieg der Ellbogengesellschaft. Er ist unsichtbar, wenn er kommt, aber er schlägt mit größter Wucht tiefe Wunden im Gefühl des anderen. Der Zynismus ist eine der stärksten und mächtigsten Grundstimmungen, die man im eigenen Körper erzeugen kann. Der Zynismus ist die Autobahn, die direkt zum Schmerz führt. Zum Schmerz, den man in anderen auslöst. Und zugleich zum Schmerz, den man sich selbst zufügt.

Die scheinbare Freude, die viele Menschen dabei gewinnen, ist die Lust an der Spannung, die dabei entsteht. Es ist eine Spannung, die aus dem Gefühl entspringt, einen Sieg errungen zu haben. Aber es bleibt ein scheinbarer Sieg über die Welt, eine scheinbare Überwindung des Unterschiedes, der die Menschen voneinander eben nur scheinbar trennt. Der Zyniker nährt seinen Spott an diesen Unterschieden, dem etwas Größer des einen, dem etwas Langsamer des anderen, dem etwas Ungenaueren des dritten und dem etwas Ungeschickter oder etwas Übereifrigen eines vierten und eines fünften. Er trennt sich von der Welt ab, weil er das Trennende über das Einende stellt. Und weil er dies mit dem Gefühl des Schmerzes verbindet.

Der Zyniker, sagt Ortega y Gasset, »dieser Schmarotzer der Zivilisation, lebt davon, sie zu verneinen, weil er überzeugt ist, daß sie ihn nicht im Stich lassen wird.« Sie läßt ihn vielleicht nicht im Stich, aber sie meidet ihn, wenn sie nur kann. Niemand kann sich sicher fühlen in der Nähe des Zynikers. Keiner weiß, wann es so weit ist, daß es ihn selbst erwischt. Je mehr sich der Zyniker seiner Vorliebe hingibt, um so stärker wird die Spaltung von Denken und Fühlen.

Denn der Zyniker muß sich selbst frei halten vom Schmerz, den er auslöst. Er wird immun gegen den Schmerz des anderen und langsam auch gegen den Schmerz, den er im Inneren spüren müßte, wenn er noch ein Gefühl für den anderen in sich trägt. Er verliert zunehmend sein Einfühlungsvermögen, die Basis der »Politeness«. Er wird kalt. Er wird einsam.

Es kommt alles zurück

»Politeness« beginnt damit, den Unterschied zwischen dem eigenen Denken und dem eigenen Fühlen geringer zu machen. Je weniger Schmerz wir im Inneren tragen, um so leichter gelingt uns dies. Wir müssen mit uns selbst in »einer Einheit« leben, um von ganzem Herzen her »polite« sein zu können. Wir brauchen eine innere Gelassenheit, die uns erlaubt, frei zu bleiben von den Schmerzen, die man uns von außen beständig zufügt. »Politeness« ist durchaus so etwas wie das Gegenteil von Zynismus. »Politeness« nimmt die Unterschiede der Menschen wahr, erkennt die Situationen, die Peinlichkeit auslösen, oder weiß um die Angriffe von Menschen, die einem Schmerz zufügen wollen. Dennoch bleibt man gelassen und ruhig und antwortet aus der gleichen inneren Ruhe und Sicherheit heraus, die aus der inneren Stärke erwächst. Man gibt sich nicht dem Gefühl hin, auf die Kleinheit einer Beleidigung sofort zurückschlagen zu müssen. Man bleibt souverän, wenn die Peinlichkeit eines anderen Menschen kaum noch zu ertragen ist. Man bleibt frei. Frei von Unzufriedenheit. Frei von innerer Unruhe, frei von Streß, Frustration und Aggression. Man macht sich nicht krank.

Achtung: Allein in den USA sind etwa 10 000 Todesfälle jährlich auf Magengeschwüre zurückzuführen und jeder 20. bekommt irgendwann im Leben mit ihnen zu tun. Es ist zweifelsfrei nachgewiesen, daß nicht Streßfaktoren allein, sondern vor allem eine innere Unruhe und die Unzufriedenheit mit sich und seiner Umwelt die Hauptursache für diese organische Störung sind.

Es ist ein »guter Abstand«, den man gewinnt, wenn man sich dem Gefühl der »Politeness« anvertraut. Manchmal wirkt dies für Außenstehende als Kälte oder Gefühllosigkeit. Sie interpretieren, daß jemand, der nicht gleich explodiert oder in die Luft geht, wenn er beleidigt wird, unemotional und gefühllos sein. In Wirklichkeit hat er nur gelernt, seine Gefühle nicht Amok laufen zu lassen und nicht zum Spiegel jedes anderen zu werden, der ihn provoziert. Es ist ein eigenartiger Begriff der Freiheit, wenn man sagt, daß jener frei ist, der sofort so intensiv und so heftig reagiert, wie es aus ihm eben gerade herauskommt. In Wahrheit ist er der Sklave des anderen, denn er bestimmt nicht, welche Reaktion er auf einen Angriff setzt. Er reagiert einfach nur und kann durch einen beliebig gestarteten Angriff sofort aus der Ruhe gebracht werden. Der andere hat sofort Macht über ihn. Er sagt ihm ein böses Wort oder weist ihn mit einer Geste von sich. Schon geht der andere in die Luft, als hätte man in seinem Inneren auf einen Knopf gedrückt. Wer so reagiert, verliert die Freiheit, gelassen zu sein oder vorsichtig, zurückhaltend oder einfühlsam planend. Er verliert die Chance, den anderen in eine bessere Strategie hineinzuführen, indem er einen Schritt zurück tut, um den anderen vorerst nicht am eigenen Ich anlaufen zu lassen, um ihn ein wenig später wieder auffangen zu können, wenn es dem anderen bewußt geworden ist, daß er soeben etwas Unmögliches getan hat. Dies ist die weitaus größere Freiheit, denn sie besitzt viel mehr Möglichkeiten, zu denen man sich frei entschließen kann.

Die Gelassenheit hält einen gewissen Abstand zu den eigenen Reaktionen. Sie kann dies tun, weil man sich seines eigenen Gefühls im Inneren sicher sein kann. Die Gelassenheit ist der Abstand, der erreicht, daß man frei ist.

Erfolgs-Tip:

Die Gelassenheit ist die Freiheit, seine eigenen Gefühle und Stimmungen bewahren zu können.

Hier ist nicht ein Gedanke aktiv, der das Gefühl zu verändern sucht. Hier ist die Achtsamkeit aktiv, die in erster Linie auf sich selbst achtgibt, um nicht zum Opfer eines Angriffs oder einer Unachtsamkeit anderer zu werden. Zugleich achtet sie darauf, in allen Situationen Worte und Bewegungen auszuwählen, die dem anderen eher mehr Freude bringen und eher keinen Schmerz verursachen. Rupert Lay nennt dieses Prinzip »biophil«. Darunter definiert Lay ein ethisches Verhalten, das Leben eher mehrt denn mindert. Unter dem Gegenteilsbegriff des »nekrophilen« definiert er ein unethisches Verhalten, das Leben eher mindert denn mehrt. Der Zynismus ist dieser Definition nach ein unethisches Verhalten. Das »eher« bezieht sich darauf, daß man trotz besten Wollens nicht mit Sicherheit wissen kann, ob das eigene Tun dem erhofften und angestrebten Ziel entspricht oder ob es das Gegenteil erreicht.

Die Macht über die Stimmung

In der Dreiheit von Achtsamkeit, Herzlichkeit und Gelassenheit ist das Wichtigste nun gesagt worden. Um den Freiheitsgrad zu erhöhen, der darin liegt, muß man die eigenen Aktionen und Reaktionen des Körpers kennen. Wer unreflektiert in seinem Körper lebt, weiß weder um die Kraft seiner Achtsamkeit noch um die Freiheit seiner Gelassenheit. Nur die Herzlichkeit, insofern sie tief im Charakter verwurzelt ist, bedarf keiner Selbstreflexion. Alle, die noch meinen, an ihrer Herzlichkeit arbeiten zu sollen, müssen jedoch auch sie in die Selbstreflexion aufnehmen. All dies ist über das Bewußtsein der Stimmungen möglich. Es ist eine Beobachtung, in welcher Stimmung wir uns befinden und wie wir eine Stimmung mit wenigen und bewußt gesetzten Elementen verändern können.

Wir sprechen in unserer Arbeit von Schlüsselbewegungen – von »magic movements« –, kleinen Haltungen und Bewegungen, die von einem Augenblick zum anderen ganz bestimmte Gefühle auslösen können, ganz bestimmte Stimmungen erzeugen können. Wir bieten »Einstellungen« an, die augenblicklich eine Veränderung des Bewußtseins auslösen können. Das Wort »können« schließt ein, daß Sie es zulassen müssen, um die Veränderung fühlen zu können. In diesem Kapitel wollen wir die wichtigsten Schlüsselbewegungen vorstellen, die für die Fähigkeiten der »Professional Politeness« von Bedeutung sind. Schlüsselbewegungen, die Achtsamkeit, Herzlichkeit und Selbstkontrolle ermöglichen.

Im »wirklichen Leben« unternehmen wir nur ganz selten den Versuch, uns willentlich für die eine und gegen eine andere Stimmung zu entschließen. Wir geraten weit eher in Stimmungen hinein, sie überkommen uns, oder sie überfallen uns sogar. Es ist, wie Ciompi so klar feststellt, daß wir uns der Stimmungen kaum bewußt sind. Nur eine Veränderung der Stimmung nehmen wir wahr. Und mit solchen Veränderungen arbeiten wir in diesem Kapitel.

Wenn Sie über ein gutes Einfühlungsvermögen verfügen, werden Sie sofort spüren, wie die einzelnen Elemente wirken, die wir hier vorstellen. Verwenden Sie bislang Ihr Gefühl für innere Stimmungen nur teilweise oder noch nicht bewußt, werden Sie über die Schlüsselbewegungen einen Zugang dazu finden. Sie können Schritt für Schritt die Fähigkeit entdecken, Ihr Gefühl für Stimmungen zu erweitern.

Suchen Sie sich gute Vorbilder

Es ist nicht leicht, gute Vorbilder zu finden, deren Bewegungen so klar und deutlich sind, daß sie als Schlüsselbewegungen isoliert werden können. Wir nutzen dafür gerne Persönlichkeiten, die allgemein bekannt sind. Menschen wie Sir Peter Ustinov, John F. Kennedy, Heinz Rühman oder Lady Diana. Ihre Bewegungen und Haltungen sind so verfeinert, um dem Anspruch der »refined manners«, der verfeinerten Verhaltensweisen, gerecht zu werden. Sie führen direkt zu den Gefühlen, die eben nur in ganz spezifischen Bewegungen, Haltungen und Einstellungen erschlossen werden. Diese Schlüsselbewegungen lösen augenblicklich ein »reines Gefühl« aus. Sie »befreien« die Stimmungen und Gefühle, die dahinter im Körper eingespeichert sind.

Denken und Fühlen in Einklang bringen

Der erste Schritt ist immer das Verstehen der Bewegung oder Haltung. Man muß die Stimmung, die man auslösen kann, möglichst ruhig und zugleich möglichst genau im Inneren nachvollziehen. Man muß sich einfühlen in die Bewegung. Man muß in ihr entdekken, was sie auslösen kann. Aus der Bewegung und aus der Haltung heraus entsteht die Stimmung. Genauer gesagt, sie ist schon immer da gewesen, sie wird aber in dem Moment freigesetzt, in dem sie von der Bewegung ausgelöst wird. Man muß dazu sein Denken und sein Fühlen in Einklang bringen. Und man muß sich der Stimmung anvertrauen, die entsteht. Man muß sie genießen. Das Lernen der Bewegung wird mühelos erreicht. Die Freude, die man dabei erfährt, übernimmt das Vertiefen der Stimmung.

In idealisierter Form hat dies Mark Twain ausgedrückt: »Es gibt nichts, das durch Übung nicht erreicht werden kann. Nichts liegt außerhalb seiner Reichweite. Es kann schlechtes Benehmen in gutes wandeln. Es kann böse Prinzipien zerstören und gute erzeugen. Es kann Menschen selbst in den Zustand von Heiligkeit erheben.«

2. Achtsamkeit – der Genuß, die Welt intensiv und umfassend wahrzunehmen

Die größten Feinde der Achtsamkeit sind die Apathie, die Gleichgültigkeit und die Langeweile. Wer »professionally polite« sein will, muß alle drei unter seine Kontrolle bringen. Beginnen wir mit der Achtsamkeit und ihren Schlüsselbewegungen. Es sind keine »großen« Bewegungen, die ausgelöst werden müssen. Es sind feine Einstellungen, die erprobt werden müssen. Feine Veränderungen, die von den Augen erreicht werden. Ein Gefühl, das in den Fingerspitzen erreicht werden kann. Sie alle verbinden eine Idee mit einem Verhalten. Sie lassen eine innere Einstellung Wirklichkeit werden. Sie sind gelebte Philosophie.

Die Augen in der Gegenwart halten

Die erste und alles entscheidende Einstellung für »Professional Politeness« ist die Entscheidung, überhaupt anwesend sein zu wollen. Wenn wir offen und herzlich sein wollen, wenn wir zum Beispiel mit ganzer Aufmerksamkeit grüßen können wollen oder jemanden mit großer Strahlkraft begegnen können wollen, müssen wir mit unserem ganzen Wesen an dem Ort sein, an dem wir uns gerade befinden. Wir müssen an-wesend sein. Mit unserer Aufmerksamkeit, unserer physischen und psychischen Kraft und vor allem mit unseren Augen. Die Einstellung der Augen ist die Schlüsseleinstellung, um an-wesend zu sein oder ab-wesend.

Wenn wir ins Leere starren oder unsere Augen in die Ferne schweifen lassen, verlassen wir augenblicklich die Welt, in der wir uns gerade befinden. Wir gleiten ab in eine Welt der Tagträume und der Illusionen. Wir nutzen unbewußt eine Methode aus dem Bereich der Selbsthypnose, die durch das »Unscharf-Stellen« der Augen augenblicklich ausgelöst werden kann. Wir entrinnen dem Augenblick, weil wir ihn nicht mehr im Auge haben. Wir haben die Welt aus den Augen verloren.

Unsere Augen sind dann immer »aus dem Fokus«. Sie starren ins Leere. Sie haften scheinbar an Kleinigkeiten fest, sind in Wahrheit aber »durch sie hindurch« gerichtet. Die Kunst dieser Selbsthypnose wird von jedem beherrscht. Das »Unscharf-Stellen« des Blicks löst sie augenblicklich aus. Der Geist kann mühelos in andere Welten wandern, die Aufmerksamkeit gleitet fort, und die Gedanken fliegen in ferne Regionen. An den letzten Urlaubsort, in die Probleme mit dem Partner oder dem Freund, zu den Kanarienvögeln nach Hause, dem Europacupspiel am Abend oder dem Traummann oder der Traumfrau, die weder in unserer Gegenwart leben noch von unserer Gegenwart wissen. Nur nicht zum Kunden, der das Geschäft betritt, zum Gesprächspartner, der gegenübersitzt, oder zum Partner, der uns in unserem wirklichen Leben begleitet.

Achtung: Es gibt keine unauffälligere und effizientere Methode, sich davonzustehlen aus einer ungeliebten Gegenwart. Es ist der einfachste Betrug, den wir parat haben. Wir können den anderen vorspielen, daß wir körperlich anwesend sind, in Wirklichkeit schweift unsere Achtsamkeit durch vollkommen andere Bereiche. Es ist die Schlüsseleinstellung, um innerlich zu kündigen. Es ist der direkte Weg in die freizeitorientierte Schonhaltung.

Die verzweifelten und leider sinnlosen Versuche der Führungskräfte, ihre Mitarbeiter dazu zu bewegen, aufmerksam zu sein, hört man den Sätzen an, die in solchen Momenten aufkommen: »Sehen Sie denn nicht, daß ein Kunde das Geschäft betreten hat?« »Ich verstehe nicht, warum niemand sieht, daß hier ein Papier herumliegt?« »Wie kann es denn sein, daß niemand bemerkt hat, was hier zu tun ist?«

Diese Sätze haben nicht die Kraft, eine »Gegenhypnose« auszulösen. Das Papier und der Kunde sind gerade die heikelsten Details in der Welt, der man durch das Unscharf-Stellen der Augen entkommen ist. Diese Details lösen den größten Schmerz aus, denn sie bedeuten, daß man die Welt der Träume verlassen muß, um wieder in die ungeliebte Gegenwart zurückzukehren. Deshalb versucht man gerade die Details, wie es Kunden in solch einer Stimmung nun einmal sind, besonders aktiv unscharf zu stellen.

Erfolgs-Tip:

Die Motivation, wieder anwesend sein zu wollen, kann nur aus einer inneren Entscheidung kommen, generell an diesem Ort sein zu wollen. Generell anwesend sein zu wollen. Die Frage kann nur lauten: Was ist an der Gegenwart so unangenehm, daß man ihr entfliehen muß? Und was können wir tun, damit diese Gegenwart wieder angenehmer wird?

Wenn wir sensibel sind für die Welt von Freude und Schmerz in unserem Inneren, können wir uns die Antwort selbst geben. Denn der Nachteil dieser Selbsthypnose trifft uns unverzüglich selbst. Wir verlieren den direkten Bezug zur Welt, in der wir leben. Wir betrügen uns um die eigene Gegenwart. Durch diese Magie sind weder die Gegenwart real noch die Träume. Wir spüren die Dinge nicht mehr, die wir berühren. Wir verlieren das Gefühl der Anwesenheit in unserem eigenen Körper, wir lassen unsere Stimmungen aus der Gegenwart davongleiten in eine scheinbar schönere Gegenwart eines anderen Ortes oder einer anderen Zeit. Vor allem verlieren wir die Menschen aus den Augen. Wir sehen nicht mehr, wie sich jemand bewegt, wie es ihm geht und was wir für ihn tun können. Wir verlieren das Gespür für Menschen. Wir fühlen nichts mehr für Sie. Wir werden gleichgültig und apathisch in unseren Reaktionen. Das Einfühlungsvermögen verblaßt, und das Gefühl für Stimmigkeit verkümmert.

Äußerlich sind wir in der Welt, innerlich sind wir weit davon entfernt. Es ist ein Selbstbetrug, der das Leben sauer macht. Die Trennung von Fühlen und Denken. Wenn wir unseren Körper äußerlich so tun lassen, als ob er anwesend wäre und uns innerlich abwesend stimmen, vergiften wir die eigene Physiologie. Unser Körper lernt zunehmend das Gefühl der Abwesenheit. Er lernt, daß die Gegenwart unangenehm ist. Er lernt, daß er lügen muß, wenn er anwesend ist. Er muß äußerlich etwas tun, das die Gedanken ihm innerlich nicht erlauben. Er darf die Gegenwart nicht genießen. Er wird um seine eigentliche Bestimmung gebracht. Denn der Körper kennt nur die Gegenwart.

Übung: Die Welt scharf stellen

- Gehen Sie fünf Minuten lang durch den Raum, in dem Sie sich gerade befinden. Lassen Sie den Blick ins Leere gehen, und lassen Sie zu, daß Sie mit Ihrer Aufmerksamkeit davongleiten. Wenn Ihnen dies nicht gelingt, bleiben Sie stehen, und starren Sie dabei ins Leere. Beobachten Sie die Reaktionen in der Stimmung und im Gefühl, die Sie damit auslösen.

- Danach gehen Sie fünf Minuten lang durch den Raum, und sehen Sie dabei alle Gegenstände möglichst scharf. Jedes Details, jede Kante, jede kleine Unebenheit. Sehen Sie dabei möglichst »wach« in die Welt. Sie müssen das Gefühl haben, daß Sie mit Ihren Augen das Gefühl erreichen, sich wirklich wach zu fühlen. Beobachten Sie erneut die Reaktionen in der Stimmung und im Gefühl, die Sie damit auslösen.

Vielen Menschen gelingt eine der beiden Übungsteile nicht. Entweder gelingt es ihnen kaum, unscharf zu stellen. Andere wiederum halten es kaum aus, den Blick scharf auf die Dinge gerichtet zu halten. Je nach Gewohnheit drängt es die Aufmerksamkeit, das eine oder das andere zu tun. Die Auswirkung auf die Wahrnehmung der Wirklichkeit sind umfassend. Je schärfer wir die Umwelt erkennen, um so größer wird die Wahrnehmung der Gegenwart. Um so wachsamer und aufmerksamer sind wir. Die Achtsamkeit ist groß.

In jeder Einstellung des Körpers gibt es allerdings auch eine Übertreibungsform. Wenn das wachsame und achtsame Beobachten der Welt zu einem Starren und Fixieren der Welt wird, geht die Geschmeidigkeit verloren, die man braucht, um wirklich wachsam zu sein. Man beginnt, zu lange an einer Stelle zu verharren, starrt zu intensiv auf einen Punkt oder einen Ort.

Diese Extremform des Schauens erreicht erst recht wieder die gleiche Wirkung wie deren Gegenteil, der leere Blick. Es wird erneut eine Selbsthypnose ausgelöst, erneut sieht man nichts mehr, das um einen herum vorgeht, und man verliert sich in seinem erstarrten Blick.

Noch ein weiterer Punkt ist uns hier wichtig: Wir haben hier, selbst wenn es so scheint, nicht gegen die Kunst des Träumens gesprochen, die für viele Menschen eine wunderbare Erholung ist. Zugleich ist die Kunst des Tagträumens eine phantastische Möglichkeit, seine Kreativität zu erweitern. Doch darum geht es nicht, wenn wir unsere Achtsamkeit auf die Menschen und Situationen richten, in denen wir leben. Wer Menschen genießen will, muß sie wahrnehmen, muß anwesend sein und sich dem Genuß des Augenblicks übergeben. Dies ist die erste und vielleicht wichtigste Einstellung der »Professional Politeness«.

Die Fähigkeit, die aus der Einstellung der Augen erwächst, muß sich im weiteren noch verbinden mit den Einstellungen des Herzens. In den Schlüsselbewegungen der Herzlichkeit liegt die Kraft, das Wahrnehmen der Welt mit dem tiefsten und zugleich gehobensten Gefühl zu genießen, das uns gegeben ist. Die Achtsamkeit verbindet sich in der Herzlichkeit zur Qualität der echten Menschlichkeit im Umgang miteinander.

Die Welt der Augenwinkel

Eine besondere Welt ist die Welt der Augenwinkel. Wer seine Achtsamkeit schult, die aus dem genauen Wahrnehmen der Menschen und Dinge erwächst, gelangt nach einiger Zeit zu der Fähigkeit, die kleinsten Details zu entdecken, die am Rande des Wahrnehmungsfeldes liegen. Die Scheuklappen der Wahrnehmung verschwinden, der Achtsamkeit entgeht nichts mehr. Die Welt wird weiter, man verläßt jederzeit die ausgetretenen Pfade und wendet sich jedem neuen Detail zu, das man erkannt hat.

Der Kennedy-Blick

In jedem unserer Seminare zeigen wir einen Ausschnitt von John F. Kennedy, der zeigt, wie er seine charismatische Aura durch seine Blicke selbst zu schaffen verstanden hat. Er zog die Menschen in seinen Bann, weil er sie auf ganz spezielle Art und Weise ansah. Er nahm sie wirklich wahr. Sein Blick erfaßte die Menschen direkt und offen. Seine Pupillen sind weit und klar. Sein Blick verströmt Wachheit und Achtsamkeit.

Das Besondere des Kennedy-Blickes

Das Besondere des Kennedy-Blickes aber war die Bewegung, mit der seine Augen den Menschen nachgefolgt sind. In einer Szene sieht man, wie Kennedy eine Reihe von Menschen begrüßt, die ihm bei einer Veranstaltung die Hand schütteln dürfen. Er steht ruhig und fest, während Männer und Frauen, Junge und Alte an ihm vorübergehen, ihm ein paar kurze Worte sagen und ihm die Hand reichen. Kennedys Augen sehen jeden einzelnen offen und direkt an, seine ganze Aufmerksamkeit liegt auf dem Menschen, der ihm in diesem Moment gegenübertritt. Berührend wird sein Blick aber vor allem, wenn er den Menschen nachsieht. Er hält seinen Blick noch einige Momente, einige entscheidende Augenblicke länger auf sie gerichtet, als man dies üblicherweise tut. Er starrt ihnen dabei nicht nach, wie es ungehörig wäre und unpassend. Er sendet ihnen vielmehr einen Blick tiefer Achtung und Wertschätzung nach, einen offenen, wachen, scharfen und zugleich herzlichen Blick, der sie begleitet, während sie weitergehen.

Erst dann nimmt er mit Gelassenheit und Ehrlichkeit seine Achtsamkeit von ihnen und wendet seinen Blick dem nächsten zu, der zu ihm kommt.

Niemand von denen, die jeweils dahinter kommen, empfindet dabei eine Mißachtung, daß er zu spät angesehen worden wäre. Vielmehr spürt man, daß die Achtung, die er den jeweils vorhergegangenen Menschen gegeben hat, sie selbst aufwertet. Sie spüren, daß er auch ihnen so nachsehen wird, daß er auch sie mit dieser Achtsamkeit und Aufmerksamkeit beachten wird, wenn sie von ihm weggehen.

Übung: Der Kennedy-Blick

Sehen Sie Menschen, die von Ihnen weggehen, mit der größten Achtung und Aufmerksamkeit nach. Spüren Sie dabei, daß Sie eine möglichst große Herzlichkeit und Hochachtung empfinden. Empfinden Sie den Unterschied, der besteht zwischen dem Gefühl, jemandem interessiert nachzustarren und jemandem mit Hochachtung nachzusehen, wenn Sie ihm durch Ihren Blick Ihre Achtung zollen und ihm mit Ihrer Achtsamkeit folgen.

Die Achtsamkeit der Hände

In den Händen anwesend zu sein ist die zweite, kraftvolle Schlüsselbewegung der Achtsamkeit. Für das Gefühl der Hände, der Finger und der Fingerspitzen ist die größte Anzahl an Nervenendungen im Gehirn freigehalten. Kein Hautbereich hat eine größere Dichte an Schaltungen im Gehirn zur Verfügung als das Bewußtsein der Hände. Es ist die Steuerzentrale des »Fingerspitzengefühls«, das nach innen und nach außen wirkt. Die Achtsamkeit der Hände bestimmt über das Lebensgefühl, das wir aus den Dingen und den Gegenständen beziehen können. Es bestimmt über den Ausdruck des Gefühls, den wir der Welt entgegenbringen.

Wichtig: Die Berührung ist das stärkste Instrument, mit dem wir unser Bewußtsein steuern können in Richtung Würde und Achtung im Umgang mit Dingen und Gegenständen.

Wir haben in England den Begriff des »Golden Touch« (der goldenen Berührung) zum erstenmal gehört. Dort bezeichnet er eine besonders glückliche Hand im Umgang mit Dingen. Wir haben diesen Begriff für die Berührung im Dienstleistungsbereich übernommen. Denn der »Golden Touch« ist die Kunst, Waren und Gegenstände so zu berühren, daß daraus die größte Freude für den Betrachter und für sich selbst entsteht.

Erfolgs-Tip:

Die Chancen für die Strahlkraft, die in der Berührung liegen, sind unendlich. Jeder Augenblick gibt uns dafür die Möglichkeit. Wenn wir etwas zurechtrücken, wenn wir etwas aufheben oder etwas übergeben. Wenn wir einen Telefonhörer angreifen, wenn wir die Schnalle eines Gürtels zumachen oder ein Hemd zusammenlegen. Selbst das Berühren der Zahnbürste oder der Computermaus ist ein Moment, der darüber entscheidet, ob wir Signale der Freude, Achtung und Wertschätzung durch unseren Körper schicken oder ob wir Mißachtung, Gleichgültigkeit, Zorn oder Apathie zum bestimmenden Gefühl in uns machen.

Haben wir die Fähigkeit, mit dem Fingerspitzengefühl der Hände eine Welt zu erschaffen, die uns in jedem Augenblick bewußt sein läßt, daß wir das Leben genießen und uns der Freude des Augenblicks hingeben können? Seiner Feinheit, seiner Kraft, seiner Bestimmtheit und dem tief empfundenen Fingerspitzengefühl. Jede andere Form des Lebensglücks scheint dem Privaten nur unzureichend anzugehören.

Im Umgang mit der Welt ändert sich die Wirkung von innen heraus, wenn wir die Hände und Finger mit Achtung und einem bewußt gewählten Fingerspitzengefühl arbeiten lassen. Im Einzelhandel ist zum Beispiel die natürliche Wirkung, die entsteht, die Zauberformel jeder guten Warenpflege: Wir haben die Hände immer an der Ware! Es gibt gar keinen Grund, nicht beständig etwas zu berühren, es gerade zu rücken, es noch einmal zu falten oder zu schlichten, wenn man das Gefühl des »Golden Touch« genießt, das in einem selbst entsteht und in jedem Beobachter. Wie von selbst übergibt man die Waren auch dem Kunden mit viel Fingerspitzengefühl. Wenn man Geld übergibt, geschieht es wie selbstverständlich, daß man die Münzen nicht einfach in die Hand des anderen schüttet. Man ordnet sie mit Geschicklichkeit und Vergnügen in der eigenen Hand, zeigt sie mit sanftem Schwung, greift sie offen mit den Fingern der anderen Hand und übergibt sie mit einem Gefühl von Feinheit, Achtung und Lebensfreude.

Übung: »Golden Touch«

Berühren Sie mindestens zehn Minuten lang unterschiedliche Dinge in Ihrem Arbeitsumfeld. Genießen Sie die Berührung und die Feinheit des Fingerspitzengefühls. Entdecken Sie das Lebensgefühl, das daraus erwächst. Geben Sie all Ihre Achtsamkeit, Ihre Wertschätzung und Ihre persönliche Kraft Ihrer Freude hinein, wenn Sie dies tun.

Wenn es Sie überzeugt hat, was Sie darin entdecken konnten, halten Sie es einfach für den Rest Ihres Lebens aufrecht. Wenn nicht, probieren Sie es gleich noch einmal. Sie haben wahrscheinlich irgend etwas nicht wahr-genommen.

Das Taktgefühl der Arme

Der Fluß des Fingerspitzengefühls findet im Taktgefühl der Arme seine natürliche Fortsetzung. Ein würdevoller Umgang mit sich und mit den anderen fließt am leichtesten aus einem inneren Taktgefühl hervor. Kantiges, rauhes, ungehobeltes oder unkontrolliertes Herumfahren mit den Händen, die wie fremdgesteuert an den Armen hängen, macht ein taktvolles Verhalten zu einem holprigen Galopp. Es fehlt ihm die Würde und Selbstverständlichkeit, die aus dem Taktgefühl der Arme kommt.

Das Taktgefühl ist der Vermittler der feinen Ausdrucksart. Rhythmus und Bewegungsmuster des Körpers, die in der Beweglichkeit, im Kraftausdruck und im Gleichklang der Bewegungen entstehen, sind die Harmonien des würdevollen Ausdrucks.

»Dirigent der eigenen Hände«

Dirigieren Sie ein unsichtbares Orchester mit Ihren Armen und Händen. Fühlen Sie den Fluß, der in Ihren Armen entsteht. Fühlen Sie, ob Sie eine ruhige und klare Kontrolle ausüben können, wenn Sie Ihre Arme bewegen. Spüren Sie den Genuß der Bewegung? Fühlen Sie den Fluß, der Ihre Hände mit Ihrem Körper verbindet? Durchdringt die Bewegung Ihrer Arme Ihren ganzen Körper? Können sie ein Gefühl auslösen, das Sie bis in die Zehenspitzen spüren?

Wenn ja, stärken Sie dieses Gefühl und erweitern Sie es um das Bewußtsein, daß jede Handlung der Freundlichkeit und der Herzlichkeit, sich dem Taktgefühl anpaßt, das Sie in Ihrem Körper erzeugen. Stimmen Sie sich ein über das Gefühl Ihrer Arme, wenn Sie glauben, mehr Takt und mehr Feinheit des Taktes aufbringen zu sollen.

Haben Sie kein Gefühl dafür, wie sehr Ihre Arme den Takt Ihres gesamten Körpers bestimmen können, wäre es gut, wenn Sie dem bereits genannten Satz von Mark Twain vertrauen:»Es gibt nichts, das durch Übung nicht erreicht werden kann.«

3. Herzlichkeit – die Stimme Ihres Herzens

Echtheit und Ehrlichkeit sind die unabdingbaren Grundbausteine zeitgemäßer Höflichkeit. Die überkommenen Benimmregeln sind an der Falschheit zerbrochen, wie wir es im einleitenden Teil ausführlich dargestellt haben. Die Einheit von Denken und Fühlen ist die Basis der »Professional Politeness«.

In der Kunst, höflich, zuvorkommend und herzlich zu sein, ist die Qualität der Herzlichkeit die alles entscheidende Charaktereigenschaft. Die Winkelzüge des Intellekts sind die große Falle, in die das

Gefühl mit aller seiner Unschuld hineintappt. Das äußerlich getragene Lächeln erfriert sofort unter der Maske eines unehrlichen Gedankens.

»Politeness« ist eine Frage der Übung. Sie entspringt nicht allein dem Charakter eines strahlenden Menschen, der aus seiner Jugend eine Fülle an natürlicher Freundlichkeit, Helligkeit und innerer Stärke in sein Leben als Erwachsener hineingetragen hat. »Politeness« kann aber niemals seine Wirkung entfalten, wenn es unter dem Deckmantel des Notwendigen oder des Zweckvollen einherkommt. Die Sucht, alles unter das Primat des Praktischen zu stellen, tötet das Gefühl für »Politeness«. Nur eine wirklich gefühlte Herzlichkeit läßt die im folgenden Kapitel vorgestellten Formen des Umgangs zu einer spürbaren und sinnstiftenden Weise der menschlichen Begegnung werden.

Herzlichkeit, die körperlich zutiefst empfunden wird, ist die einfachste und menschlichste Sache der Welt. Zugleich ist sie in voller charakterlicher Ausprägung selten. Es ist das tatsächliche Spüren des Herzens, welches Herzlichkeit erst ermöglicht. Es ist eine Weichheit und ein Fließen, das man tatsächlich in der Mitte seiner Brust zu spüren vermag. Die immer wieder erschreckende Erfahrung ist, daß viele Menschen hier oftmals nur wenig oder sogar überhaupt nichts mehr spüren. Sie glauben, daß ihr Herz nur ein Stück Eingeweide ist. Sie fühlen nicht mehr, daß es der Mittelpunkt ihres Wesens ist. Es gibt ihnen keinen Stich mehr im Herzen, wenn etwas Ungerechtes geschieht. Sie ahnen nicht, daß man Menschen tatsächlich mitten ins Herz treffen kann – unmittelbar und schmerzlich. Sie wissen nicht mehr, wie es sich anfühlt, wenn man jemanden in sein Herz mit einschließt, wenn jemandem das Herz blutet oder alle Herzen einem entgegenschlagen. Es bleibt ihnen fremd, zu erkennen, warum einem Menschen alle Herzen zufliegen, während einem anderen das Herz vor Angst in die Hose fällt, wie es sich vor Schmerz im Leib herumdrehen kann, wie es vor Freude lacht oder vor Aufregung bis zum Hals schlägt. Es ist der Zustand, von dem der Psychologe William James gesagt hat, daß wir keinen Seelenstoff zurückbehalten, wenn wir jegliches direkte Empfinden ausgeschaltet haben. Daß nur der kalte und neutrale Zustand intellektueller Wahrnehmung bleibt. Der seelenlose Zustand, der nur noch die Welt des Kopfes als real erkennt, weil er nichts mehr fühlen will oder fühlen kann.

Wer die Höflichkeit im Kopf allein hat, der wird weder das Einfühlungsvermögen noch das Gefühl für Stimmigkeit jemals erreichen. Er trägt das Herz nicht mehr an der richtigen Stelle oder hat ein Herz aus Stein. Er trägt sein Herz nie auf der Zunge, hängt es an nichts und kann es nicht mehr mutig in beide Hände nehmen. Es heißt, aus seinem Herzen eine Mördergrube machen, wenn man nicht mehr sagen kann, was einem auf dem Herzen liegt, und nicht mehr weiß, wie man seinem Herzen Luft machen kann, auf daß einem ein Stein vom Herzen fällt.

Der Körper ist Materie, der energetisiert werden muß. Der Körper folgt den Strömungen, die vom Herzen ausgehen. Tut er dies nicht, wird er zum Sklaven der Gedanken, der Willkür und der launischen Stimmungen. Das Gegenteil ist das Grausen der Welt: gefühllos, hartherzig, fischblütig, unempfindlich, ungerührt, unzugänglich und kalt.

Die Haltung des Körpers und des Geistes gemeinsam ist der Weg des Herzens. Der Körper fühlt, und die Gedanken begleiten diese Gefühle auf dem Weg durch die Welt. Die Gedanken wollen das Richtige und das Gute, und der Körper erfüllt die Gedanken mit allen Gefühlen, die ihm eingegeben sind.

Übung: **»Das Herz spüren«**

- Mit der Aufmerksamkeit nach innen gehen.

- Das Herz fühlen.

- Den Raum spüren, der sich atmend um das Herz bewegt.

- Erkennen, daß man das Herz spürt, wie es fühlt.

- Erkennen, daß nicht das Denken fühlt.

- Erkennen, daß man das Herz spürt, wie es alles andere fühlt – die Umgebung, die Menschen, die Welt, die Liebe.

Viele haben Angst, daß sie zu empfindsam werden, zu zart besaitet, verletzlich, sensibel oder mimosenhaft. Baldur Kirchner, der Psychologe und Philosoph, sagt dazu in seinem Werk zur Dialektik und Ethik: »Schon das Selbstwertgefühl verdankt seine Entstehung dem Zulassen von Gefühlen.« Es ist der größte Trugschluß, die Fähigkeit des Wahrnehmens von Gefühlen und die Fähigkeit, sich selbst dabei zu spüren, mit irgendeiner Form der Schwäche gleichzusetzen. Wer ein großes Herz hat, wird niemals daran zweifeln, daß alle Stärke aus einem selbst kommt. Das Herz eines Löwen zu haben ist der ruhigste und sicherste Ort, den man erreichen kann.

Die Stimme des Herzens

Die erste Schlüsselbewegung des Herzens ist die »Bewegung der Stimme«. Der Atem fließt durch den großen Resonanzraum des Körpers, der das Herz umgibt. Die Stimme übernimmt die Stimmungen aus dem Inneren. Sie gibt sie direkt wieder. Deshalb hört man sofort, wie es jemandem geht, selbst wenn man seine Stimme nur per Telefon vermittelt bekommt. Zugleich ist sie einer der stärksten Auslöser für Stimmungen selbst. Wenn das Herz strahlt, strahlt auch die Stimme. Wenn es bedrückt ist, drückt das die Stimme. Wenn wir in ein Stimmungstief geraten sind, kommt die Stimme kaum in die Höhe. Wenn wir gereizt sind, fehlt ihr alle Milde und jeder verbindliche Klang. Sind wir unzufrieden und unglücklich mit uns selbst, raunzt und quengelt die Stimme, quetscht und zieht und zerrt die Töne herum, bis das Jammern die ganze Umwelt vergiftet hat. Die Stimme ist der stärkste Überträger für den Virus der schlechten Stimmungen.

Für die Öffnung des Herzens wollen wir an dieser Stelle eine wichtige Einstellung aufzeigen. Diese Schlüsselbewegung haben wir von Heinz Rühmann übernommen. Wie nennen es daher auch das Rühmann-Strahlen. Aus ihm kommt eine wunderbare Kraft und Ruhe zugleich, die in Rühmann selbst mit fortschreitendem Alter immer sicherer und ruhiger geworden ist, die aber von Anfang an sein Wesen ausgemacht hat. Wir zeigen dafür gerne ein spezielles Video, in dem Rühmann sich seinem Publikum zuwendet und zu ihm spricht. Seine Haltung bleibt dabei offen, seine Schultern sind entspannt und kraftvoll zugleich, und seine Stimme fließt aus der Mitte des Herzens.

Übung: »Öffnen des Herzens«

- Sitzen oder stehen Sie aufrecht.

- Halten Sie den Kopf waagrecht und locker.

- Genießen Sie für einen Moment, wie Sie stehen oder sitzen.

- Legen Sie nun die linke Hand auf das Brustbein vor Ihrem Herzen und legen Sie die rechte Hand über Ihre linke Hand.

- Spüren Sie, wie der Atem unter den Händen zu fließen beginnt – lassen Sie den Atem zehnmal ein- und ausfließen.

- Genießen Sie den Fluß des Atems.

- Spüren Sie, wie sich Ihre Schultern angenehm breit machen und mit Kraft füllen.

- Spüren Sie den sanften, milden, zugleich kraftvollen Stolz, der dabei im Inneren entsteht.

Wenn Sie in diesem Zustand bleiben, während Sie weiterlesen und nach einiger Zeit aufstehen und zu sprechen beginnen, müßte Ihre Stimme noch immer sanft und weich sein und Ihr inneres Gefühl von einem Wissen um Sicherheit und Stolz auf die eigene Kraft des Fühlens erfüllt sein.

Die Kopfneigung des Herzens

Um das Strahlen von Heinz Rühmann zu erreichen, gilt es zwei weitere Schlüsselbewegungen fühlen zu lernen. Die erste ist die Kopfneigung des Herzens. Es ist eine leichte Beugung des Kopfes nach vorne. Eine Haltung, die auf die Ströme des Herzens hört. Wer feinfühlig ist, spürt sofort, was es bedeutet, die Nase hoch zu tragen und sich mit dem Kopf über die Dinge hinwegzuheben. Augenblicklich koppelt man in der Haltung der Hochnäsigkeit das Denken vom Fühlen des Herzens ab. Die Augen werden kälter, der Ausdruck des Gesichtes flacher, und die Wangen verlieren ihr sanftes Lächeln. Wir können den Kopf mit Stolz erfüllt auf den Schultern tragen, wir können ihn aber nicht überheben, wenn wir im Gefühl der Herzlichkeit bleiben wollen.

Dafür müssen wir uns eine Weichheit erhalten, die den Hals sanft und geschmeidig hält und dem Kopf die Freiheit gibt, sich jederzeit und überall ein wenig nach vorne und ein wenig zur Seite legen zu können. Dies klingt so selbstverständlich, daß es nicht einmal der Erwähnung wert scheint. Die Fähigkeit, dies tatsächlich tun zu können, ist jedoch nicht mehr weit verbreitet. Es ist nicht die mechanische Einschränkung der Bewegungsfähigkeit, die angesprochen ist. Es sind die Gefühle, die man im Inneren auslösen kann, wenn man die Neigung des Kopfes nutzen kann, um Gefühle der

Herzlichkeit und des Einfühlungsvermögens in sich zu entdecken. Das Gegenteil wird im Volksmund vollkommen zu Recht als Halsstarrigkeit bezeichnet. Sturnacken ist ein anderer Begriff – sowie starrsinnig, verbohrt und starrköpfig. Wer eine feine Beobachtungsgabe besitzt, erkennt, daß die Augen ihren Glanz und ihre Freundlichkeit verlieren, wenn der Kopf überhoben wird und sich nicht mehr zu neigen versteht.

Übung: »Kopfneigung des Herzens«

- Sitzen Sie aufrecht.

- Spüren Sie Ihr Herz, wie Sie es in der Übung zuvor getan haben.

- Senken Sie den Kopf leicht nach vorne und verstärken Sie das Gefühl in Ihrem Herzen.

- Lassen Sie Ihren Atem ruhig und gelassen strömen.

- Spüren Sie, wie dieses Gefühl durch Ihre Augen nach außen strahlt.

- Heben Sie Ihren Kopf, bis Sie die »Nase hoch tragen« (hochnäsig sind).

- Spüren Sie, ab welchem Punkt das Gefühl der Herzlichkeit nur noch mit Mühe aufrechterhalten werden kann oder sogar verlorengeht.

- Senken Sie den Kopf nun wieder leicht nach vorne, und lassen Sie das Gefühl in Ihrem Herzen zurückkehren.

- Führen Sie den Wechsel des Gefühls mehrfach durch, während Sie den Kopf heben und wieder senken.

Die Kopfneigung des Herzens ist die Schlüsselbewegung der christlichen Tradition. In ihr wurde alle Hingabe an Gott und an die Menschen ausgedrückt. In früheren Jahren hat man dafür den

Ausdruck der Demut verwendet. In der frühchristlichen Mission wurde das Adjektiv »diomuoti« genannt, wenn man ausdrücken wollte, daß jemand »dienstwillig« sei. Die Kultur der Gegenwart, die sich einem Dienst am anderen verpflichtet fühlt, kann ohne diese »gefühlvolle Haltung« ebensowenig auskommen wie die Vergangenheit. Das Denken mag sich geändert haben. Unsere Fähigkeit, eine herzliche Haltung zu zeigen, ist so alt wie die Konstruktion des Herzens und des Einfühlungsvermögens selbst. Hier können wir unserem inneren Gefühl nur dienen. Bekämpfen wir es, kann der Körper kaum etwas dagegen tun. Das Ergebnis ist aber der Rückzug des Gefühls, der Verlust des Einfühlungsvermögens und die Unfähigkeit, »stimmig« sein zu können.

Das Lächeln der Mona Lisa

Wir meinen dies nicht ganz wörtlich. Die Essenz läßt sich jedoch nicht besser verdichten, als es Leonardo da Vinci in seiner vollkommenen Umsetzung erreicht hat. Diese Schlüsseleinstellung ist das letzte zwingend erforderliche Element, um die Herzlichkeit zu einem beständigen, echten und stimmigen Gefühl werden zu lassen. Es ist die Lebenslust eines herzlichen Lächelns. Denn wer nicht mehr lächeln kann, verbittert leicht, das Gefühl vertrocknet, und die Mimik verkrampft. Traurig gesenkte Mundwinkel, ein verkniffenes Grinsen oder bitter verspannte Lippen halten feine Giftströme aufrecht, die beständig durch den Körper strömen. Das Lächeln der Mona Lisa ist ein Lächeln, das von innen her strahlt.

Wichtig: Es gibt zwei grundlegende Arten des Lächelns – das Lächeln, das vom Herzen kommt, und das Lächeln, das einer Notwendigkeit entspringt und vom Kopf her gesteuert wird. Nur das Lächeln des Herzens ist biophil, nur dieses befördert das Lebensgefühl und mehrt die Lebensfreude. Das verordnete Lächeln, das aus dem Kopf kommt, ist unehrlich und wird leicht zur Grimasse. Der Weg in den Zynismus ist vorbereitet. Das zynische Lächeln folgt fast automatisch.

Worin ein zynisches Lächeln besteht, kann am beruflich konditionierten Lächeln des Harald Schmidt nachvollzogen werden. Der Gestalter der Show, die unter seinem Namen läuft, verfügt über ein nahezu unbegrenztes Repertoire, seine Mundmuskeln zu diversen Formen des Lächelns zu bringen. Der beißende Zynismus seiner Scherze trifft mit großer Wucht unter die Gürtellinie der ausgewählten Objekte seines Humors. Das Prinzip, Schmerz zu mehren, um dem Publikum damit die Spannung des Zynismus zu öffnen, findet in seiner Art des Lächelns einen stimmigen Ausdruck. Es ist ein Lächeln, das vom Kopf gesteuert wird, und es ist fast immer ein Fletschen der Zähne.

Das Lächeln des Herzens entsteht in den Wangen. Die Wangen heben sich von selbst, weil sie dem Gefühl ehrlicher Zuneigung und ehrlicher Lebensfreude folgen. Sie formen ein herzliches Lächeln. Dabei werden sie nicht bewußt bewegt. Sie lächeln nicht aktiv: Es geschieht ihnen, daß sie lächeln. Sie folgen der Stimmung, die sie aus dem Inneren erreicht.

Übung: Ein herzliches Lächeln

- Probieren Sie die beiden Möglichkeiten des Lächelns aus.

- Lächeln Sie einmal, indem Sie die Oberlippe dafür benutzen. Spüren Sie, wie Sie den Kopf dafür benutzen, um mit der Oberlippe lächeln zu können.

- Lassen Sie ein Lächeln entstehen, das aus innerer Freude kommt. Wie von selbst werden sich die Wangen heben und ein Lächeln erzeugen.

- Sehen Sie das Bild der Mona Lisa vor sich, und spüren Sie, ob Sie das Lächeln der Mona Lisa empfinden können. Es ist die verinnerlichte Form des Lächelns selbst, das man im Ausdruck empfinden kann.

4. Gelassenheit – die Kraft für Freundlichkeit, Heiterkeit und Zuvorkommenheit

Haltung und Einstellung finden in der Gelassenheit ihr eigentliches Zentrum. Um »professionally polite« agieren und reagieren zu können, müssen wir uns selbst unter Kontrolle haben. Wir müssen schwierige Situationen gelassen ertragen können, um nicht auf kleine Anlässe hin zu explodieren. Wir müssen fähig sein, eine langwierige Verhandlung gelassen an uns vorüberziehen zu lassen, um im richtigen Moment das richtige und bedachte Wort wählen zu können. Und die Tage, an denen Langeweile uns zu ergreifen droht, bedürfen besonders großer Gelassenheit, da uns in diesen Zeiten leicht die Begeisterung und die Spannkraft verlorengehen kann, die ebenfalls in der Gelassenheit enthalten sind. Denn die Gelassenheit ist nichts Passives. Es ist die Summe von Achtsamkeit und Herzlichkeit, die unter die Selbstkontrolle gestellt wird.

In der Stimmung der Gelassenheit erhalten wir uns beständig die Spannung der Achtsamkeit, die wir mit den Stimmungen der Herzlichkeit verbinden. Es ist eine sanfte Gespanntheit, eine innere Elastizität des Geistes und des Körpers, der in jedem Augenblick anwesend ist, sich aber beständig die Freiheit erhält, nicht willenlos auf die Umwelt zu reagieren, sondern mit Herzlichkeit seine Reaktionen wählen zu können.

Aus der Gelassenheit entspringt auch die Fähigkeit des Einfühlungsvermögens. Die Fähigkeit, etwas im anderen und für den anderen empfinden zu können, ist eine allerdings schon die Reaktion auf Reize, deren Grundlage das sensible Nervensystem ist. Das Wahr-nehmen selbst ist noch das reine Fühlen der Reize, die aus dem Nervensystem kommen. Erst danach entsteht ein Gefühl. Es erwächst eine Empfindung. Das Gefühl ist bereits die Interpretation des Wahr-genommenen. Es ist die Interpretation, die aus dem, was man gefühlt hat, eine Empfindung macht. Eine Empfindung, die möglichst unmittelbar, genau und unverfälscht in unser Bewußtsein dringen können soll. Diese Empfindung ist jedoch nur dann unverfälscht, wenn sie nicht von Gedanken überrannt wird. Wie die Intuition, die aus der Welt der Gedanken spontan entsteht, entsteht die Empfindung direkt und unvermittelt aus dem Fühlen, das wir im Körper erfahren.

Wichtig: Die Intuition ist die Eingebung des Geistes. Die Empfindung ist die Eingebung des Körpers.

C.G. Jung hat dem Denken deshalb das Fühlen gegenübergestellt. Er hat es als aktives Tun erkannt. Dem Empfinden des Körpers hat er wiederum das Intuieren gegenübergestellt. Fühlen und Empfinden sind also klar unterschiedliche Seelenfunktionen, so wie Denken und Intuieren.

Wer Wahr-nehmen will, muß die Unterscheidung lernen, die zwischen dem Gefühlten und dem Gefühl liegt. Das Gefühlte ist die Summe der Erlebnisse, die unsere Nerven empfinden können. Das Gefühl ist die Interpretation des Wahrgenommenen als Freuden und Schmerzen, als Angst, Erhabenheit, Würde, Niedertracht, Sicherheit, Zuversicht, Hoffnung, Liebenswürdigkeit und Freundlichkeit.

In der Stimmung der Gelassenheit ist das Lassen der zentrale Begriff. Es ist das Zulassen des Fühlens und das Zulassen des Gefühls, aus dem die Fähigkeit erwächst, etwas empfinden zu können. Wenn wir in einem inneren Galopp durch die Welt reiten, wenn wir immer gereizt sind und hochgefahren, bleibt das Empfinden für Menschen zwangsläufig außerhalb der Wahrnehmung und außerhalb des Gefühls. Das, was wir für andere empfinden können, kommt nicht einmal auf, weil der geringste Teil des Fühlens im anderen schon wieder überrannt wird durch den Schwall der eigenen inneren Reize. Es gibt keine Freiheit mehr, den anderen zu erkennen. Es gibt nur noch das Reagieren auf die gröbsten Reizauslöser und ein Empfinden, das sich nur mehr beständig mit sich selbst beschäftigt. Der andere wird in solch einer Gefühlswelt nicht mehr zugelassen. Er bleibt fremd. Fremd dem Gefühl und fremd der Empfindung.

Erfolgs-Tip:

- Die Gelassenheit ist die Stimmung, in der man sich selbst so weit zurücknimmt, um den anderen einen Platz einzuräumen im eigenen Empfinden. Seinen Bewegungen, seiner Stimme, dem Klang und Inhalt seiner Worte, seinen Wünschen, Hoffnungen, Ängsten und Freuden. Es ist die Fähigkeit des Einfühlungsvermögens. Es ist die Selbstkontrolle, aus der diese Fähigkeit heraus erst möglich wird.

- Wenn wir uns solcherart einfühlen, tanzen wir im Inneren des anderen mit, wir nehmen seine Bewegungen auf, weil wir diese Bewegungen spüren, wir hören den Klang der Stimme und fühlen die Stimmungen, die sich darin Ausdruck geben. Wir sind fähig, auf den anderen einzugehen, seine Gefühle zu interpretieren und uns seinen Hoffnungen und Träumen dienstbar zu machen.

Die aufrechte Haltung

Die Grundeinstellung der Gelassenheit ist die aufrechte Haltung. Weder nach vorne gekippt noch nach hinten gelehnt, ist sie die Basis für ein möglichst unbeeinflußtes Einfühlungsvermögen und ein Höchstmaß an Selbstkontrolle.

Es gibt diese beiden Möglichkeiten in der Grundeinstellung, um aus der Balance zu geraten: nach vorne zu kippen und nach hinten zu sinken. Das erste ergibt ein Gefühl, als ob man beständig auf dem Sprung ist. Man glaubt, immer angreifen zu müssen. Die Vorwärtsbewegung geht über in ein Gefühl des permanenten Attackierens. Für die eine oder andere Situation ist dies hervorragend geeignet. Als Lebensgrundgefühl wird es zu Bedrohung der inneren Ruhe und Gelassenheit.

Beständig nach hinten wegzusinken wird zur scheinbar legeren und lockeren Gewohnheit. Für das innere Gleichgewicht entsteht eine Verschiebung ins Passive und Unkontrollierte. Die Grenze zur Gleichgültigkeit ist rasch erreicht. Der Ausdruck der Respektlosigkeit kann oft nicht verhindert werden.

Achtung: Die Mehrzahl der Menschen in Mitteleuropa leidet unter Haltungsproblemen. Die innere Einstellung kann durch die äußere Haltung nicht bekräftigt und gestärkt werden. Wir sehen Menschen gehen, die schwer auf ihren Beinen lasten, jeder Schritt ist ein Stampfen. Andere sehen wir, die sich über ihre Schultern und ihr Brustbein scheinbar willentlich hochziehen und dort festhalten. Viele kippen in halber Höhe des Rückens, beim zwölften Brustwirbel, nach hinten weg, als wollten sie nicht in die Welt hineingehen. Andere schieben das Becken nach vorne und sehen die Welt nur über die Spannungen, die ein nach rückwärts gekippter Kopf ermöglicht.

Die am weitesten verbreitete unglückliche Haltung aber ist die »lässige Haltung«. Sie zeigt sich durch das vorgeschobene Becken, das zugleich Ursache wird für die durchgedrückten Knie. Die Körperspannung nimmt ab, und die natürliche Spannkraft geht verloren. Um dem Versinken entgegenzuwirken, treten starke Verspannungen einzelner Regionen des Rückens auf. Weitere Verhärtungen und Verspannungen landen in den Schultern und der Wirbelsäule.

Wichtig: Jeder Moment dieser unkontrollierten Haltung wirkt auf die Muskeln, Organe und Kreisläufe, vor allem aber auf die Atmung.

Die innere Stimmung versumpft und wird dumpf. Der Charakter muß sich gegen diese verkrümmte Haltung stemmen und gibt irgendwann nach. Die Gegenwart bevorzugt diesen scheinbaren Ausdruck von Lässigkeit und vermeintlicher Freiheit. Das »Sichgehen-Lassen« wird zur beständig laufenden Gefühlsmaschinerie, die zur Haltlosigkeit führt. Das Gleichgewicht, das Stabilität gibt, wird weder gesucht noch gefunden. Vor allem Jugendliche sprechen von einer Unverschämtheit und einer Zumutung, wenn man sie ersucht, daß sie sich aufrecht halten sollen. Es wird für Entspannung gehalten, was längst keinen Halt mehr bietet. Dabei, so zeigt Ilse Middendorf, die Grand Dame der Atemschule, eindrucksvoll auf, sind es gerade die energetischen Vorgänge im Körper, die von einer »gesetzmäßigen Gestalt« abhängig sind. Sinkt ein Sitzender in sich zusammen, so Middendorf, kann sein Zwerchfell nur bedingt arbeiten. Es stellt die Arbeit fast ganz ein, wenn es längere Zeit in solcher Weise eingeengt und belastet wird. Ein stark verringertes Atemvolumen ist die Folge, das seinerseits wiederum herabmindernde Folgen zeigt. Insbesondere, so Middendorf, reagiert die Stimmung – oder wie sie die Stimmung bezeichnet – die Spannung der Seele auf das Zusammensinken des Körpers. Die Stimmung sinkt ab, kommt zum Nullpunkt und verliert sich im Sog der Trägheit, Interessenlosigkeit und weiter noch in der depressiven Stimmung.

| **Übung:** | **Gravitationsloses Schweben des Kopfes** |

- Setzen Sie sich aufrecht hin. Lassen Sie Ihren Kopf etwas nach vorne gehen und wieder zurückgehen. Sie werden merken, daß der Kopf wie auf einer Spitze liegt. Es gibt dabei einen Moment und einen Punkt, an dem er genau in seinem Schwerpunkt ruht. Man nennt diesen Punkt »zero gravity«, den Punkt der Gravitationslosigkeit.

- Bewegen Sie den Kopf nun von einer Seite auf die andere und danach wieder nach vorne und zurück. Irgendwann werden Sie merken, daß es genau einen Punkt gibt, an dem es keinerlei Anstrengung bedarf, den Kopf aufrecht zu halten. Er ist einfach gelassen und ruhig. Seien Sie dabei möglichst fein und subtil in der Bewegung. Spüren Sie möglichst genau, wo der Punkt erreicht ist, an dem es keinerlei Kraft kostet, aufrecht zu sein.

- Sie können die gleiche Übung auch mit dem ganzen Körper machen. Hier empfiehlt sich allerdings, die Übung mit einem Partner gemeinsam durchzuführen, der einem mit sanften Bewegungen von außen her hilft, den Punkt vollkommener Entspannung zu finden.

Zum Gleichgewicht des Vorne und Hinten sowie zum lässig angelehnten oder heftig gespannten Gefühl kommt noch die Stabilität und die subtile Kraft des Nach-oben-Richtens. Es ist die Aufrichtung des Körpers, der durch seine elastische Spannung zwischen Sacrum und Schädeldecke den »aufrechten Menschen« schafft. Auch hier wirkt der soziale Druck der Gegenwart dagegen. Es ist ein langer Weg, den ein kleines Kind gehen muß, um die unbewußt wirkenden Einflüsse seiner Umwelt körperlich verkraften zu können und sich dabei nicht zu verbiegen. »Crooked« – verbogen – nennen die Engländer einen Charakter, der nicht aufrecht sein kann, und haben damit ein treffendes Wort gewählt.

Kinder und Jugendliche ver-»halten« sich, wie es die Eltern, die Gleichaltrigen und die Film- und Musikindustrie vorgeben. Nur selten finden sie ein Vorbild an aufrechter Haltung, die in einem schwingenden Gleichgewicht eine federnde Elastizität des Körpers und des Geistes vermittelt.

Oft ist die erste Arbeit, um einen Menschen wieder aufzurichten, daß es das Bewußtsein zu schaffen gilt, wie sehr sich die körperliche Haltung auf den Charakter auswirkt. Aus der Bewegung heraus entsteht langsam ein Gefühl für die Wirkung der Haltung. Nach einigen Stunden der aufrechten Bewegung beginnt der Kopf, wie von selbst nach oben zu streben und die aufrechte Haltung zu erzeugen. Das innere Prinzip des aufgerichteten Menschen übernimmt die sanfte Kontrolle über die äußere Haltung. Die Einstellung wird klarer und vermittelt ein Gefühl der Sicherheit und der Würde.

- Die älteste aller Übungen ist noch immer eine der eindrucksvollsten.

- Gehen Sie mit einem Buch auf dem Kopf durch den Raum und erfahren Sie, welche Gefühle Sie dabei im Inneren auslösen.

- Erst wenn Sie die Kraft spüren, die aus der aufrechten Haltung erwächst, sind Sie auf dem richtigen Weg.

Die Kontrolle des Tempos

Gelassenheit entsteht, wenn man in der aufrechten Haltung eine möglichst vollkommene Beherrschung seiner Bewegungen erreicht hat. Die Essenz der Gelassenheit erscheint in der Bewegung eindeutig und unmißverständlich. In der Stimmung der Gelassenheit haben keine »zufälligen« und unglücklichen Bewegungen Platz. Hier führt die ganze Anwesenheit des Menschen das Bewußtsein aus der Tiefe des Inneren empor und wird zur selbstbestimmten Bewegtheit. In der gelassenen Bewegung ist nichts Lässiges und Unkoordiniertes, nichts Respektloses und nichts Unachtsames.

Wir kennen die Lust, Material zu gestalten. Dem Lehm eine Form zu geben, dem Stoff eine Gestalt und dem Holz eine geschwungene Eleganz. Die Lust der Formgebung wird in der Bewegung selbst allerdings am größten. Aus ihr fließt Eleganz, Form und Gestalt hervor. Sie spricht alles aus, was im Inneren des Menschen anwesend ist. In ihr wird jede Stimmung sichtbar.

Die Bewegung bekommt über das Tempo seinen Charakter. Allegro oder Adagio, getragen oder schnell ist die Anweisung des Kompositeurs, der im Körper die Melodie der Bewegung erzeugt. Und es ist eine Melodie, die im Inneren entsteht. Man spricht von kinästhetischer Melodie. Der ästhetischen Melodie der Kinetik –

der Bewegung des Körpers. Die Vielfalt der Gestaltung ist fast unendlich, wenn die Kontrolle des Tempos es möglich macht, eine subtile und feine Unterscheidung zwischen Bewegung und Bewegung hervorzubringen. Wie ein bleibender Grundton durchzieht dabei die Gelassenheit alle Bewegungen.

Die ganze Skala menschlichen Ausdrucks äußert sich in der Bewegung. Middendorf sagt dafür, daß es zu beklagen ist, daß wir noch so stark von leiblicher Unbewußtheit verdeckt sind und wir nicht gewahr werden, wie gewohnte Lebenshaltungen zum »Panzer« der Konventionen erstarren. Wenn wir uns in eine »Berufshaltung« einsperren, darf es uns nicht wundern, wenn wir uns am Abend nach einem arbeitsamen Tag erschöpft und erloschen fühlen. Die Sehnsucht, etwas anderes darzustellen, als wir im Inneren sind, verführt zu großen körperlichen Anstrengungen, die nicht »stimmen«, die uns unstimmig machen. Zwangshaltungen, die aus dem Festhalten an verbohrten Positionen stammen, trennen uns vom Fluß der natürlichen Bewegung ab. Gelassenheit in der Bewegung ist die Fähigkeit, die erstarrten Haltungen loszulassen und in einen bewußten Fluß zu bringen.

Um eine Bewegung als gelassen zu erfahren, müssen wir uns jeder Bewegung an ihrem Anfang und an ihrem Ende bewußt sein. Der Beginn der Bewegung und das Anhalten der Bewegung bestimmen über die Kontrolle und den Genuß, den wir aus der gesamten Bewegung erhalten. Dabei muß man die Vorstellung loslassen, daß eine Bewegung immer als eine Art »sportliche Übung« durchzuführen ist. Eine Bewegung ist in erster Linie ein Ausdruck einer Stimmung und eines Gefühls. Besondere Momente erfordern deshalb auch besondere Bewegungen. Wenn wir uns einfach »drauf los bewegen«, ist das gleich einem Orchester, das einen Walzer mit dem gleichen Tempo beginnt wie einen Tango oder den ersten Satz von Schwanensee. Jede Bewegung hat einen Auftakt und ein Finale. Und es sind diese beiden Teile der Bewegung, die am stärksten über ihren Ausdruck bestimmen.

Beispiel: ───────────────────────────────

In Wien, unserer Heimatstadt, sind die Ober – so nennen wir die Kellner eines Cafés – von besonderer Ausdruckskraft und Gelassenheit. Nicht alle natürlich, aber viele, sehr viele. Vor allem in den berühmten Cafés. Wenn Sie eine Tasse Kaffee abstellen, so stellen sie diese nicht einfach vor einen hin. Sie zelebrieren die Bewegung und werten damit den Genuß des schwarzen Saftes auf. Mehr aber als das, sind sie sich der Macht bewußt, die sie haben, wenn sie servieren. Sie wissen, daß sie es sind, die im ganzen Café die Stimmung kreieren. Jede ihrer Bewegungen wird von den Gästen beobachtet. Vielleicht nicht bewußt. Dennoch kann sich niemand ihrer Ausdruckskraft entziehen. Sie gleiten durch »ihren Raum«. Sie wissen, daß nichts geschehen kann, das ihnen die Ruhe rauben könnte. Sie haben kein Problem, ein Diener zu sein. Ihr dienendes Verhalten erhöht sie mehr, als es die lässige Art ihrer Gäste je tun könnte. Sie sind die Meister der Tempokontrolle.

In Seminaren lassen wir deshalb immer eine »Tasse servieren« und weisen die Teilnehmer ein, die Tasse so kunstvoll vor »ihren Gast« hinzustellen, wie es die hohe Schule der Wiener Kaffeehaustradition verlangt. Die hohe Bewegungsschule der Wiener Kaffeehauswelt verlangt vor allem, daß man am Anfang oder am Ende einer Bewegung bewußt langsam und stilvoll agieren kann. Dies trifft auf die Bewegung von Gegenständen ebenso zu wie auf das eigene Gehen oder vor allem das Stehen-bleiben. Hier läuft man nicht einfach los oder dreht sich um und geht. Man zelebriert den ersten Schritt, man genießt den letzten Schritt, mit dem man bewußt vor den Gast hintritt. Man gibt bewußt die Ruhe des Stehens auf und setzt sich in Bewegung. Man kehrt gelassen zur Ruhe zurück, wenn man den Endpunkt einer Bewegung erreicht hat. Kein Rucken, kein Hasten, kein Zucken und kein Drücken. Alles fließt, alles ist Musik, alles genießt. Man ist nicht getrieben von innerer

Gereiztheit oder Unsicherheit. Man gibt sich nicht einem kleinen Ärger hin, der nur die eigene Stimmung vergiftet. Man genießt sich, das Leben, die Welt und das Dasein. Alles ist gut.

Die Botschaft, die aus diesen Bewegungen spricht, ist unübersehbar: »Ich weiß, daß ich diese Arbeit genießen kann, und ich kann dir in jedem Moment zeigen, daß ich gelassen und ruhig bin. Sei du es auch, denn du bist in einem Kaffeehaus in Wien.« Die innere Anleitung und Einstellung dafür ist: »Je größer die Sicherheit ist, die in der Bewegung entsteht, um so würdevoller fühle ich mich. Die Würde fließt durch mich, und ich fühle mich würdevoll. Je mehr ich dieses Gefühl empfinde und genieße, um so mehr wird es zu meinem Charakter.«

Die Bond-Drehung

Wenn Sie je den James-Bond-Film »Moonraker« mit Roger Moore zu sehen bekommen, betrachten Sie aufmerksam die Szene, in der sich der große Engländer den zwei Damen zuwendet, die ihm von seinem Gegenspieler vorgestellt werden. An dieser Stelle des Filmes ist er gerade auf dem Anwesen seines Opponenten gelandet, hat den Helikopter verlassen, wurde vom Butler in den Salon begleitet und wartet nun darauf, vom Bösewicht des Films angesprochen zu werden. In dieser Szene wird er auch den beiden Damen vorgestellt, die er bis dahin anscheinend nicht bemerkt hat und denen er sich nun mit einer Drehung zuwendet.

Wir haben dieser Bewegung den Namen »Bond-Drehung« gegeben. Sie ist die letzte Schlüsselbewegung, die wir im Rahmen dieses Buches vorstellen wollen. Und sie enthält alles, was an Würde, Gelassenheit, Achtsamkeit und Höflichkeit möglich ist. So kann nur Roger Moore sich zwei Damen zuwenden. Jeder Moment der Bewegung ist die Gelassenheit schlechthin.

Die Schlüsselbewegung, die er dabei ausführt, wird von Einheit geprägt, mit der er den Kopf und den Körper zugleich umwendet.

Er dreht nicht einfach den Kopf herum, um die Damen anzusehen und danach »mit dem Körper nachzukommen«. Nein, er wendet sich um, indem er den Kopf und den Körper als Einheit beläßt und sich mit seinem ganzen Körper um etwa 90 Grad umwendet. Der Kopf und die Augen eilen dabei nicht im geringsten der Bewegung des Körpers vor. Sie bleiben gelassen und ruhig. Sie warten, bis sie an der Reihe sind, zu sehen, was sie zu sehen bekommen. Er ist die Gelassenheit, Sicherheit und Würde selbst. Er ist James Bond. Und wir glauben an ihn als solchen nur deshalb, weil er sich so zu bewegen versteht.

Im Beruf und im Privatleben erfolgreich auftreten

3

1. Der neu entdeckte Knigge

Das folgende Kapitel ist der Kunst gewidmet, die Freiherr von Knigge in seinem 1796 vorgelegten Werk »Über den Umgang mit Menschen« erstmals umfassend ausgeführt hat. Knigge strebte an, den Begabten und Talentierten seiner Zeit ein Werk in die Hand zu geben, das aufzeigen sollte, wie man durch den Einsatz von Umgangsformen, seine Vorzüge angemessen zur Geltung bringen kann. Zugleich war er bestrebt, zu zeigen, daß dies eine Arbeit am eigenen Charakter ist und daß diese Arbeit unerläßlich wäre, wenn man auf diese besondere Art und Weise erfolgreich werden wolle. Wir wollen hier dem Meister der Verhaltensformen bewußt unseren Respekt zollen, denn er war die größte und wichtigste Persönlichkeit, die ihre Kraft eingesetzt hat, um die charakterliche Entwicklung eines Menschen in klare »innere Spielregeln« zu gießen und sie dabei auf ihre Wirkung in der Gesellschaft hin zu bestimmen. Wir nennen diesen Abschnitt deshalb auch respektvoll »Der neu entdeckte Knigge«.

Wichtig: Wir streben darin an, die Werte und Prinzipien darzulegen, die Knigge bereits vor langer Zeit vorgelegt hat. Wir gehen sogar so weit, die Überschriften zum Teil im Originalton zu belassen, um Knigge in seiner unverfälschten Ausdrucksweise wiederzugeben, seine Feinheiten zu belassen und seine angestrebte Wirkung nicht durch moderne Worte zu verfälschen.

In den Kommentaren zum neu entdeckten Knigge bleiben wir ebenfalls dem Prinzip treu, daß Aussagen über den Umgang mit sich selbst und den Umgang mit Menschen traditionell in einer Sprache des »Anstands« und der »Erbaulichkeit« abgefaßt waren. Es sind dies die Begriffe und der Sprachstil einer Ethik, die unabhängig von Moden und Zeiterscheinungen die Werte einer Gesellschaft tradieren, die aus den eigenen Wurzeln schöpfen kann. Der Verlust dieses Sprachstils führt nur scheinbar zu höheren Freiheitsgraden. Ersetzt man viele dieser Formulierungen durch zeitgemäße Wendungen oder bringt man die Sprache in die kurze und effizienzverliebte Ausdrucksform der Gegenwart, verzichtet man auf die Wahrscheinlichkeit, daß ein tradierter Wert seinen ursprünglichen Gehalt weiter vermitteln kann.

Dieses Kapitel ist eine Sammlung von Wegmarken und Anleitungen, die in ihrer zeitlichen Entstehung durchaus weit zurückliegen, deren Gehalt aber in einer ganz besonderen Art zeitgemäß ist. Dabei bleibt das Prinzip aufrecht, daß die Wirkung auf uns selbst so groß sein soll, wie es die Wirkung nach außen ist. Wegmarken und Anleitungen sind es, die ein Lebensgefühl auslösen können, das von Achtung vor dem Leben, Hingabe an Werte und eine beständig sich erweiternde Sicherheit im Umgang mit Menschen geprägt ist. Es sind »erbauliche« Anleitungen und Wegmarken des Stilempfindens und der Sicherheit im Einsatz des eigenen Stils.

Mache gutes Benehmen und einen gehobenen Stil zu deiner zweiten Natur

Wahrhaft Stil hat derjenige, der eine kultivierte Lebensart im inneren wie im äußeren Betragen aufrechterhält, selbst dann noch, wenn er alleine ist. Der es genießt auch ohne Gesellschaft, bei gedecktem Tisch und Kerzenlicht zu dinieren, der sich auch selbst gelegentlich mit einem Blumenstrauß verwöhnt, der – auch wenn er einen ganzen Tag zu Hause verbringt – nicht ungekämmt und in ausgeleierten Kleidungsstücken durch die Räume schlurft.

Der stets für gute und saubere Luft in seinen Räumen sorgt, auch wenn kein Besuch erwartet wird, der auch in den eigenen vier Wänden nicht laut schimpft, wenn ihm ein Mißgeschick passiert, der nicht zetert und flucht, selbst wenn ihn keiner hören kann, der die Ruhe bewahrt, wenn er versehentlich ein Glas zerbricht oder etwas auf dem Herd übergeht.

Wer Lebensart bewahrt, auch wenn er alleine ist, beweist nicht nur Souveränität, sondern wird auch keine Mühe haben, ein gediegenes Verhalten in der Öffentlichkeit zu leben. Er läuft dadurch nie

Gefahr, sich danebenzubenehmen. Wird ein kultivierter Umgang mit sich und anderen zur zweiten Natur, ist er ohne jede Anstrengung und Konzentration jederzeit beizubehalten. Man erspart sich die Sorge, jemals aus der Rolle zu fallen, weil einem anderes Verhalten nicht mehr in den Sinn kommt. Nur wenn einem eine kultivierte Lebensform in Fleisch und Blut übergegangen ist, wird sie einem selbst Wohlbefinden bereiten und auf andere glaubwürdig und selbstverständlich wirken.

Pflege eine korrekte Muttersprache

Die Sprache ist ein Symbolinstrument, mit dem wir abstrakten Gedanken und geistigen Bildern eine Form geben. Die Sprache formt das Weltbild und den Charakter. In der Sprache bilden wir unsere Vorstellung von der Welt ab, während gleichzeitig unsere Umgebung wieder auf unsere Sprache zurückwirkt. Ein Volk, das wie die Eskimos unzählige Begriffe für Schnee kennt, nimmt seine Umgebung anders wahr als beispielsweise die Azteken, die nur den Begriff der Kälte kennen. Sie erschließen sich ihre eigene Welt mit all ihren Geheimnissen und all ihrer Vielfalt. Mit Bedacht seine Worte und Begriffe zu wählen drückt den Reichtum der menschlichen Erfahrungen und Empfindungen aus.

Wichtig: Deshalb soll man auch nicht die Mundart seiner Herkunft verleugnen. Es ist vielmehr die Wahl der Worte und deren Konnotationen, die den Sinn, den Stil, die Bedeutung und das Gefühl für den Umgang mit sich selbst und anderen ergeben und den Charakter bilden.

Wenn Bequemlichkeit oder bewußte Nachlässigkeit immer auf dieselbe negative, herabmindernde und beschränkte Wortwahl und den einfachsten Satzbau zurückgreifen lassen, beraubt man sich der unendlichen Freiheit des Denkens und des sprachlichen Ausdrucks der Phantasie!

Wähle gute Worte, wenn du über Menschen sprichst

Gemeinsamkeit wird durch die Sprachkultur einzelner Personen erzeugt. Ein einziger kann durch eine gute Sprache – in Wort, Aussprache und Tonfall – die Aufwertung der gesamten Umgebung und der sich darin bewegenden Personen erreichen – einschließlich der eigenen.

Ein tiefes Sprachniveau in der Wortwahl und in der Art, die Sätze mit einer Stimmung erniedrigender Bedeutungen zu füllen, durchdringt hingegen unaufhörlich und unerbittlich das Klima seiner Umgebung. Es fällt schwer, sich wohl zu fühlen in einer Atmosphäre, die durchdrungen ist von unflätigen Ausdrücken und negativen Wendungen. Dies kann alles verderben und jede Arbeits- oder Freizeitatmosphäre nachhaltig zerstören. Produktive Arbeit oder der Genuß der Zeit kann in einer Sprachkultur, die alles schlechtmacht, nicht entstehen.

Erfolgs-Tip:

Den Sprachschatz mit Fäkalausdrücken oder mit Vulgärvokabular auszustatten spricht nicht für distanzierte Coolness oder lässige Abgeklärtheit. Es ist vielmehr ein Vergehen gegen die Personen, Dinge und Begebenheiten, die auf diese Weise mit Worten belegt werden. Nicht nur eine deutliche verbale Äußerung kann dies bewirken, es genügen eine schlampige Aussprache, eine geringschätzige Wortwahl. Ein gutturaler Tonfall, der absackt, klingt dumpf, derb und ordinär.

Sei fröhlich, aber nicht laut und dränge deine Stimmung niemandem auf

Es ist angenehm und durchaus erbaulich, eine gute Stimmung mit anderen zu teilen und jenen, die nicht froh gestimmt sind, zu besserer Laune zu verhelfen. Man sollte unterdessen darauf ach-

ten, daß man darin nicht so weit geht, seine Laune anderen auf-
zudrängen.

Gute Laune in lautstarker, übertriebener Heiterkeit zu äußern ist
nur für jene, die nicht die feinen Züge des Humors und der entspannten Heiterkeit kennen. Eine Stimmung jemandem unüber-
hörbar oder durch andauerndes Animieren aufzuzwingen wirkt
nicht einnehmend, sondern vereinnahmend. Dem anderen Gelegenheit zu geben, in eine Stimmung einzusteigen und daran auf
seine Weise teilzuhaben, wird Gleichgesinnte hervorbringen, die
sich nicht durch gekünstelte Heiterkeit genötigt sehen.

Achtung: Bei Veranstaltungen, in denen es die Interpreten nicht
schaffen, kraft ihrer Persönlichkeit Stimmung zu erzeugen, wird
manches Mal zu unfeinen und häßlichen Mitteln gegriffen. Gute
Stimmung und ein Mitgehen des Publikums lassen sich weder erzwingen noch künstlich erzeugen. Als Interpret kann man nur
sein Bestes geben, seine Emotionen zeigen und darauf vertrauen,
daß das Publikum sich von selbst auf die Atmosphäre einläßt, es irgendwann genießt, von Stimmung und Emotion davongetragen
zu werden.

Ehre das Materielle, aber bilde das Herz

Persönlichkeit, Größe oder »Klasse« beruhen seit jeher nicht auf
äußeren Merkmalen, sondern auf den Verhaltensweisen und
Eigenschaften, die sich jemand erworben hat oder die er aktiv be-
schlossen hat zu leben.

Materieller Reichtum und Besitz erweitern das irdische Dasein. Verfügt jedoch der Wohlhabende nicht über eine gewisse Herzens-
und Charakterbildung, werden ihn seine Besitzgüter ausweisen als
das, was er ist: ein Mensch, der nur im äußeren Schein gewachsen,
im Inneren aber klein und beschränkt geblieben ist.

Auch Vornehmheit und Wohlhabenheit verlangen ein Bewußtsein
an Geschichte und Kultur, um die Präziosen, mit denen man sich

umgibt, um seine Klasse zu repräsentieren, richtig zu schätzen. Das verlangt gerade den wertvollen Dingen gegenüber eine gewisse Bescheidenheit und Achtung; den handwerklichen Einsatz zu schätzen, den Wert des Materials zu kennen, die Idee hinter einem schönen Stück zu erkennen. Nicht der Besitz wird zum Wesentlichen. Man sieht sich als Verwalter für künftige Generationen.

Achte die Kunst der Selbstaufwertung

Wer beständig danach trachtet, in erfreulichen und hoffnungsvollen Wendungen über die eigene Situation und seine gesamte Lebensphilosophie zu sprechen, wird in der Lage sein, sich selbst aus den Tiefen heraus- und emporzuziehen und auch anderen die Hoffnung und die Zuversicht einer positiven Lebensbewältigung zu geben.

Wer hingegen beständig seine Opfergeschichten zum besten gibt, indem er seine Lage, ob sie nun allem Anschein nach gut und zufriedenstellend oder tatsächlich belastend und unglücklich ist, ständig beklagt und bejammert, versperrt sich den Weg, den ein positiver und erfreulicher Ausdruck schenkt, und nimmt sich die Kraft des »Frei«-Sprechens.

Zumindest unhöflich ist es jedoch, auch andere in diesen Zustand der Gram, der Skepsis und des Zweifels hineinzuziehen, indem immer wieder das eigene Leid geklagt wird über die längst vergangene Trennung, die Ungerechtigkeit der Welt, die einem keine Chancen gäbe, oder die eigene kleine Unpäßlichkeit, die einem so viel Unbehagen bereite.

Habe dein Mienenspiel in der Gewalt

Lebendigkeit, Temperament, Aufgewecktheit gelten als einnehmende und erstrebenswerte Eigenschaften. Sie weisen auf einen guten Gesellschafter hin, auf einen fröhlichen und aufgeschlossenen Menschen.

Tritt die Gefühlswelt hingegen in heftigen Wogen und unkontrolliert nach außen, daß sich bei jeder Gefühlsregung die Mimik zu einer Grimasse verzerrt, kehrt sich das Sympathische eines lebhaften Wesens ins Gegenteil. Beunruhigend und abstoßend wird es, wenn die innere Erregung nicht mehr unter Kontrolle zu halten ist, wenn ein Lachen zur Fratze wird, ein Erstaunen sich in einem unpassenden Grinsen äußert und ein unvorhergesehenes Ereignis das Antlitz verzerrt.

Es entsteht der Eindruck, man habe es mit einem unberechenbaren Gesprächspartner zu tun, der nur zu leicht aus der Rolle zu fallen droht. Jemand, der so übertrieben reagiert, hat sich tatsächlich nicht in der Gewalt oder will sich um jeden Preis in den Mittelpunkt stellen und die Aufmerksamkeit auf sich ziehen.

Erfolgs-Tip:

Nur ein Lachen, das herzlich und ohne Hysterie aus dem tiefsten Inneren kommt, das mit strahlenden Augen und gehobenen Wangen einhergeht, ist auch für andere ansteckend. Aufregung zu zeigen, bei der das Mienenspiel nicht aus allen Fugen gerät, sondern die gespannte Erwartung und den Genuß am Neuen signalisiert, läßt andere teilhaben.

Fahre beim Sprechen nicht wild mit den Händen umher

Das gesprochene Wort mit einer entsprechenden Handbewegung oder Geste zu begleiten zählt zum Handwerkszeug des routinierten Rhetorikers. Man gibt dem Gesagten mehr Bedeutung, drückt seine emotionale Beteiligung aus. Maßvolles Gestikulieren animiert das Publikum mitzugehen und erleichtert das emotionale Verständnis eines Textes. Auch ein Zwiegespräch würde starr und leblos wirken, verzichtete man auf jedwede körpersprachliche Bereicherung.

Erfolgs-Tip:

Die Bedeutung des Gesagten und die Seriösität des Redners erhöhen sich, wenn in angemessener Manier das Gesagte mit knappen, aber präzisen Handbewegungen unterstrichen wird, die nicht nach Rhetorikfibeln angelernt sind, sondern dem eigenen Charakter entsprechen, wie beispielsweise die Typologie der »24 Ways to Act« – eines unserer Seminarmethoden (siehe auch Seite 221).

Die Kunst der unterstreichenden Geste wird bei manchem jedoch zum Flattern eines aufgeregten Pinguins. Zumeist gehen diese Handbewegungen mit hastigem Sprechen und Verhaspeln einher. Oft entsteht solches Verhalten aus Übereile und falscher Hast, oder es wollen zu viele unterschiedliche Gedanken gleichzeitig gesagt werden. Es entsteht der Eindruck, die betreffende Person wisse gar nicht, was sie eigentlich sagen wolle. Jemand, der auf diese Weise einen komplizierten Sachverhalt darstellen oder einen wesentlichen Einwand vorbringen möchte, wird durch solches Verhalten auf verlorenem Posten stehen. Seine Anliegen werden nicht ernst genommen, und er wird für einen Wirrkopf gehalten.

Verteile deine Blicke in großer Runde, ohne jemanden zu bevorzugen

Wer vor vielen Menschen spricht, tut gut daran, sich ein paar sympathische Gesichter zu suchen, die man während des Vortragens öfter anschaut und an deren bejahender Ausstrahlung man sich motiviert. Wer sich nur an einem Augenpaar festhält, strahlt Desinteresse an seiner Zuhörerschaft aus, selbst wenn diese eine Person eine wichtige Entscheidungsfunktion hätte.

Achtung: Es ist eine unangebrachte Exklusivität, nur eine einzige Person oder wenige einzelne Personen als dauerhaften Blickkontakt zu wählen. Alle übrigen Zuhörer haben das gleiche Recht, mit

Aufmerksamkeit bedacht zu werden. Denn wer nicht angeblickt wird, meint, er sei für den anderen gar nicht vorhanden.

Zuhörer wollen nicht nur über Worte Informationen erhalten, sondern erheben einen bewußten und unbewußten Anspruch auf die Person des Vortragenden als Ganzes. Nur wenn dieser mehr von sich gibt, nämlich seine Aufmerksamkeit, seine Energie und sein offenkundiges Bestreben, etwas möglichst verständlich und nachhaltig mitteilen zu wollen, wird er mit seinen Zuhörern in Kontakt kommen und der Funke überspringen.

Habe deine Stimme in der Gewalt

Kommt es dazu, daß ein kleine Rede gehalten oder ein Bericht öffentlich dargestellt werden soll, schlägt sich die Aufregung bei so manchem auf die Stimme. Die Stimme wird zu dünn und zu hoch, die Worte in viel zu hohem Tempo gesprochen. Das Publikum, das einen solchen Redner vorfindet, wird wenig Begeisterung für das Gesagte aufbringen. Bemühungen, den Text zu verstehen und sich mit dem unangenehmen Klang der Stimme anzufreunden, vereiteln es der Zuhörerschaft, sich genußvoll dem Vortrag zu widmen.

Erfolgs-Tip:

Wer sich auf die eigene Wirkung und das eigene Auftreten zu sehr konzentriert, dem wird die Stimme leichter ausbrechen oder ganz versagen. Wer sich hingegen auf den Text und das Publikum besinnt, ruhig atmet, langsam und deutlicher spricht, wird ohne Probleme seine Stimme führen können. Er macht es seinem Auditorium leicht, dem Inhalt zu folgen, und wird einen angenehmen und sachverständigen Eindruck hinterlassen.

2. Wegmarken der Freundlichkeit

Suche Erfüllung im Umgang mit Menschen

Lebenserfüllung ist nur im Umgang mit Menschen zu erreichen. Es ist die tägliche Chance, eine blühende Vielfalt an Begebenheiten und Gefühlen im Umgang mit dem anderen, dem Kunden, den Kollegen oder den Geschäftspartnern zu erreichen und auf deren Bedürfnisse und Interessen einzugehen, um die Schönheit und Mannigfaltigkeit der Begegnung zu genießen.

Teilzunehmen an dem, was den anderen beschäftigt, und von sich soviel beizutragen, wie es der gegenseitige Austausch verlangt, beständig seinen Kunden zuzuhören, ihren Anliegen Aufmerksamkeit zu schenken, ihre Probleme zu verstehen ist durchaus eine Erfüllung, die sich selbst genügt.

Übe gutes Benehmen und Rechtschaffenheit

Es gibt Menschen, die im Umgang mit Geschäftspartnern und Kollegen äußerst zuvorkommend, akkurat, hilfreich, höflich und genau sind. Die alles daran setzen, als aufrichtig und anständig angesehen zu werden. Gerade diese verhalten sich im engsten Familien- und Freundeskreis mitunter oftmals genau gegenteilig. Sie begleichen Schulden nicht, stellen unmäßige Forderungen, als wären sie selbstverständlich oder übertölpeln den besten Freund mit vorschnellen Entscheidungen.

Diese Janusköpfigkeit läßt sich auf Dauer auch den Geschäftspartnern gegenüber nicht verbergen und wird auch einen makellosen Ruf nachhaltig schädigen. Nur wer sich nahestehenden Personen gegenüber anständig und aufrichtig verhält und seine Freunde ebenso liebenswürdig behandelt wie seine Geschäftspartner, wird das Renommee eines ehrenwerten Geschäftsmannes und eines wahren Freundes genießen.

Sei in der Begegnung zurückhaltend
und angemessen

Das »Sie« in der deutschen Anrede ist ein deutlicher Ausdruck von Respekt und Zurückhaltung. Das »Du« muß erst erworben und verdient werden. Es wird angetragen, wenn es angebracht erscheint. Jemanden Unbekannten zu »siezen« ist nicht nur die gängige Anrede in unserem Kulturraum, sie bezeugt ebenso Achtung, Respekt und Wertschätzung.

Einige große Ladenketten haben entschieden, daß ihre Kunden mit dem »Du«-Wort anzusprechen sind, sobald sie das Geschäft betreten oder auch nur um eine telefonische Auskunft ersuchen. Das sofortige Duzen allen Kunden gegenüber wurde eingeführt, um damit Vertrauenswürdigkeit und unkomplizierte Nähe zu suggerieren.

Rasches Duzen unter Gleichaltrigen im Studentenalter, in Sportgemeinschaften oder unter sonstigen »Leidensgenossen« trägt tatsächlich dazu bei, die anfängliche Distanz zu überbrücken, um als Gemeinschaft ein gemeinsam gesetztes Ziel schneller zu erreichen.

Keine dieser Situationen finden wir jedoch in einem entsprechenden Umfang beim Einkauf im Einzelhandel vor. Ein inflationäres Einsetzen einer vertrauten Anrede erreicht letztlich in ihrer alltäglichen und praktischen Handhabung genau das Gegenteil von dem, was sie vorgibt, damit erzielen zu wollen.

Das Du-Wort der deutschen Sprache ist nicht mit dem englischen »You« zu vergleichen, das in Wahrheit immer ein ehrenhaftes »Sie« bedeutet. Im Englischen wählt man den Vornamen, wenn man jemanden ansprechen will, dessen guter Bekannter man ist. Kaum eine Ladenkette würde seine Kunden konsequenterweise jedoch mit dem Vornamen ansprechen, denn man spürt, daß hier etwas aus dem Ruder laufen würde. Darin würde sich das »Du« jedoch erst in seiner Bedeutung erfüllen.

Halte unverbrüchlich Wort auch in den geringsten Kleinigkeiten

Zu halten und einzulösen, was auch immer man verspricht, ist ein Grundpfeiler reibungslosen Umganges miteinander. Ob es sich um einen Anruf handelt, den zu tätigen man versprochen hat, oder um eine festgelegte Verabredung, bei der mit dem Erscheinen gerechnet wird. Ob es das Besorgen einer Kleinigkeit für die Nachbarin ist oder das Nachschlagen einer speziellen Information für einen Kollegen. Was immer man vereinbart hat, gilt es einzuhalten. Man bekundet damit, daß man um den andern und dessen Anliegen bemüht ist, und beweist Verläßlichkeit. Wer Zuverlässigkeit vorlebt, darf damit rechnen und auch einfordern, daß man ihm ebenso korrekt entgegenkommt.

Es hat sich etwa eingebürgert, daß gebuchte Veranstaltungen oder Plätze, seien das Diskussionsabende, das Zurücklegen von Karten oder andere Bestellungen, nicht mehr abgesagt werden, wenn man verhindert ist, sondern stillschweigend im Schutz der Anonymität, verfallen gelassen werden. Damit gibt man weder dem Veranstalter noch anderen Interessierten die Möglichkeit, auf das freie Kontingent zurückzugreifen. Der Schaden, der dadurch entsteht, ist nicht nur finanzieller Natur, vielmehr wird sukzessive und nachhaltig die Kultur des Gebens und des Nehmens zerstört, die auf Vertrauen und Wort-Halten basiert. Kann man sich auf jemandes Wort nicht mehr verlassen, müssen Strafen oder anderweitige Sanktionen eingeführt werden. Es entsteht eine Atmosphäre der Kontrolle, der Pönalen und des starren Bürokratismus. Eine kurze Mitteilung oder Absage ist im Vergleich dazu ein geringer Aufwand und erhöht die Lebensqualität dauerhaft.

Verfahre sorgfältig mit deinem eigenen Besitz, ordentlicher noch mit fremden Sachen

Kein Gegenstand ist so gering, daß man achtlos mit ihm umgehen dürfe. Jedes Ding hat einen schöpferischen Ursprung. Werden Gegenstände zweckentfremdet, indem etwa auf Büchern, Papieren oder Dokumenten Tassen abgestellt werden, indem Einkäufe rüde in den Einkaufswagen geworfen werden, oder sei es, daß Blumen das nötige Wasser und ein geeigneter Standort verwehrt werden, so läßt solches Verhalten weder auf zwangloses oder natürliches Gebaren schließen noch auf eine Vergeistigung, die über Materielles erhaben wäre.

Gerade der, der sein Streben nicht zu sehr an Materielles gebunden hat, weiß Edles zu genießen und weiß ebenso um die Bedeutung des geistigen Aspekts, der hinter jedem Gegenstand von Wert steckt. Mit Dingen, denen man ansieht, daß sie billig und ohne Aufmerksamkeit gefertigt wurden, soll man sich ohnehin nicht umgeben. Nicht das Ding gilt es hoch und in Ehren zu halten, sondern den Geist seines Schöpfers, der es beseelt und lebendig gemacht hat.

Wichtig: Weit entwürdigender, als mit eigenem Gut so zu verfahren, ist es, mit fremden Dingen unachtsam umzugehen. Dinge aus dem Eigentum eines anderen sind wie ein zugehöriger Teil von diesem selbst. Man behandle dessen Sachen so, wie er sie selbst behandeln würde – oder besser noch, wie man im besten aller Fälle hofft, daß sie von ihm behandelt würden.

Lasse andere zu Wort kommen und falle niemandem ins Wort

Von einer Meinung überzeugt zu sein und sie auch gerne kundzutun, zeichnet so manchen interessanten Unterhalter aus. Jedoch nicht abzuwarten, bis der Gesprächspartner seine Ausführungen fertig formuliert hat, auch wenn dieser vielleicht etwas weitschweifig zu seinen Schlußfolgerungen kommt, ist würdelos und unangebracht. Wenig Konstruktives entsteht in einem solchen Gesprächsklima.

Erfolgs-Tip:

Wer nur redet, um am Wort zu bleiben, entlarvt sich als derjenige, der am wenigsten zum Diskurs beitragen will oder kann. Wer hingegen etwas zu sagen hat, dem hört man auch gerne zu. Er wird mit seinen Einwürfen und Diskussionsbeiträgen sparsam, aber gezielt umgehen. Unter dieser Voraussetzung wird seine Meinung und sein Sprechen als interessant und unverzichtbar gewertet werden und er selbst in seinem Ansehen als besonnener und kompetenter Gesprächspartner bestätigt.

Widme einem Menschen deine volle Aufmerksamkeit, solange die Begegnung andauert

Auch kurze geschäftliche Begegnungen, die meist anonym sind, sollten nicht oberflächlich abgehandelt, sondern mit derselben Sorgfalt gepflegt werden wie die Begegnung mit einem guten Bekannten. In jedem Fall gilt es, sich mit seiner gesamten Aufmerksamkeit der einen Person so lange zu widmen, wie die Erledigung des Anliegens in Anspruch nimmt.

Beispiel:

Der Angestellte, der an einem Kassenschalter mit einem Bekannten plaudert und die übrigen Kunden ungeniert warten läßt, verärgert nicht nur die Wartenden, er versetzt auch seinen Bekannten in eine unangenehme Lage. Schließlich muß sich dieser als Ursache empfinden für das Ungemach der Wartenden. Ähnlich verhält es sich, wenn der Angestellte während eines Kundengesprächs von einem privaten Anruf unterbrochen wird und diesen nicht so kurz und sachlich wie möglich hält, sondern beginnt, sich ausführlich auszutauschen, während der Kunde auf die Fortsetzung seines Gespräches wartet. Die Information des Anrufers kurz entgegenzunehmen und einen anderen Zeitpunkt für die Fortsetzung der Unterhaltung zu vereinbaren wäre ein angebrachtes Verhalten, das niemanden verärgert, sondern freundliche und zuvorkommende Prioritäten setzt.

Laß dich nicht nur von den anderen unterhalten

Sich starr aus jeder Unterhaltung herauszuhalten und von den anderen Anwesenden originelle Beiträge zu erwarten macht es demjenigen, der sich auf solche Art zurückhält, immer schwieriger, sich erneut ins Gespräch einzubringen. Ein junger Mann sitzt bei seinen Kollegen am Mittagstisch, stopft seine Pfeife, hört den Gesprächen zu, ohne auch nur einmal das Wort zu ergreifen, nachzufragen oder einen der Gesprächsteilnehmer anzusprechen. Er tut dies seit vielen Jahren, und es scheint zu seiner Einstellung zu gehören, den steinernen Gast zu mimen. Die Gruppe hat sich daran gewöhnt, ohne jemals den Grund für dieses eigenwillige Verhalten zu erfahren. Treffen immer wieder dieselben Menschen zusammen, werden solche kleinen Eigenheiten nicht weiter ins Gewicht fallen.

In einer Gesellschaft mit unterschiedlicher Zusammensetzung wird man sich weder beim Gastgeber noch bei den übrigen Gästen damit beliebt machen, gleichsam wie ein Theaterpublikum darauf zu warten, was einem an Unterhaltung geboten wird, ohne selbst seinen Beitrag zum lebendigen Verlauf des Zusammentreffens beizutragen.

Wichtig: Eine Zusammenkunft, bei der man nicht als taxierender Zuschauer das Geschehen von außen betrachtet, sondern nach eigenem Vermögen mitlebt und mitgestaltet, wird für alle Beteiligten zufriedenstellend verlaufen und in angenehmer Erinnerung bleiben.

Achte behutsam auf jenen, dem ein Mißgeschick widerfährt

Passiert jemandem ein Mißgeschick, so sollte man sich in einem ersten Schritt und mit echter Teilnahme nach dem Befinden desjenigen erkundigen. Erst danach wende man sich den Dingen, die der Gegenstand des kleinen Unfalls waren, zu.

Diese Reihenfolge des Handelns gibt Aufschluß, wie der so Handelnde über den Stellenwert eines Menschen versus einer Sache denkt:

- Den Kunden, der versehentlich eine Vase umgestoßen hat, als erstes zu fragen, ob alles in Ordnung sei und ihm auch nichts passiert sei, ist die einzig richtige Reaktion.

- Erst als zweiter Schritt kann sich die Aufmerksamkeit dem Malheur zuwenden.

Achtung: Hingegen erst entsetzt zu den beschädigten Dingen zu stürzen und im schlimmsten Fall dem anderen auch noch Vorwürfe zu machen setzt die Unterstellung böser Absicht voraus. Es ist letztlich das kleinere Übel, die Unannehmlichkeit der Reparatur des zerstörten Arrangements durchführen zu müssen, als einen betretenen und unglücklichen Kunden zurückzulassen. Versichert man hingegen, daß der Schaden nicht so schlimm und behebbar ist, fühlt sich der Kunde vollständig rehabilitiert und kann sein Mißgeschick alsbald vergessen.

Verflechte niemanden in deine privaten Zwistigkeiten

Es kommt gelegentlich vor, daß man mit jemandem in beruflichen oder privaten Anschauungen uneins ist. Sobald jedoch andere in den Konflikt hineingezogen werden, wird es immer schwieriger, die verhärteten Fronten in Richtung eines Konsenses zu bewegen.

Beispiel: ───────────────────────────────

Wenn etwa eine Apothekerin natürliche Heilmethoden bevorzugt und diese deshalb vorrangig den Kunden anbietet, die pharmazeutische Kollegin neben ihr hingegen die schulmedizinisch-chemischen Produkte favorisiert, so kann es durch diese Auffassungsunterschiede zu »unheilvollen« Spannungen und Reibereien kommen, die auch den Patienten treffen können, wenn das gegenseitige Verständnis für die darin gelebten Überzeugungen nicht von einer grundsätzlichen Wertschätzung getragen wird, die seitens der beiden zueinander gegeben ist. In weiterer Eskalation erfolgen daraus ständige gegenseitige Vorwürfe und Belehrungen. Es ist verständlich, daß die Kontrahentinnen versuchen, sich im Verlauf ihrer Auseinandersetzung von den anderen Mitgliedern der Belegschaft Schützenhilfe zu holen. Das neutrale Mittelfeld, das vielleicht beide Standpunkte versteht, wird zu parteiischen Gefolgsleuten gemacht. Auf diese Weise ist der Unfriede der ganzen Firma vorprogrammiert. Es entsteht Unbehagen, sich plötzlich auf eine Seite schlagen zu müssen, auf jedes Wort zu achten, um niemanden zu verärgern oder plötzlich gegen sich zu wissen. Aus einer unbeschwert kollegialen Atmosphäre wird ein angespanntes Betriebsklima.

Auch für die beteiligten Streithähne ist das Hineinziehen anderer in ihren privaten Konflikt abträglich. Sie nehmen sich dadurch die Möglichkeit, eine konstruktive Aussprache untereinander zu führen und zu versuchen, den Standpunkt des anderen zu verstehen. Einen solchen Konflikt durch einen Konsens zu lösen bringt nicht nur Verständnis für den anderen Standpunkt, sondern erweitert auch den eigenen Horizont im Wissen und in seiner menschlichen Dimension.

Gib Zwistigkeiten eine gute Wendung

Benjamin Franklins Leitspruch lautete: »Sage niemandem etwas Schlechtes und über jeden alles Gute, das du weißt.«

Beschwert sich ein Freund über einen gemeinsamen Bekannten, daß er diesen einfach nicht leiden könne, dessen Ansichten engstirnig und veraltet seien und daß dessen Benehmen unzumutbar sei, kann man in einer solchen Situation angewandte Diplomatie walten lassen. Bei der nächsten Begegnung mit dem Beschuldigten kann man wohl berichten, daß man den gemeinsamen Bekannten getroffen habe, aber dabei hinzufügen, daß dieser nur lobenswert über ihn gesprochen habe. Treffen die beiden Streithähne dann wieder aufeinander, wird es für sie schwer sein, in den alten Kleinkrieg einzufallen, da sie sich nun doch in der Gewißheit wiegen, daß der jeweils andere ein gute Meinung über ihn hat und ihm wohlwollend gegenübersteht.

Beschwert sich die Beamtin etwa bei der Kollegin, daß die Nachmittagsvertretung unsympathisch und dumm sei und sie aus diesem Grund ihr keine Informationen mehr zukommen lassen möchte und daß ähnliches auch die Kollegin über sie verbreiten würde, so kann man hier nutzbringend als Friedensstifter eingreifen.

Nimm nicht Teil daran, wenn jemand einem Dritten unangenehme Dinge sagt

Wer Zeuge einer unerfreulichen Unterredung ist, sollte sich diskret abwenden, bis das Gespräch wieder ein für alle gültiges Thema erreicht hat. Man soll auch nicht in anteilnehmender Weise für eine der beiden Parteien Stellung beziehen, sondern sich aus dem Disput heraushalten. Mischt man sich ein, stellt man den Betreffenden noch mehr in den Mittelpunkt der Kritik. Auch ein übermäßiges Trösten des Betreffenden ist eine unnötige Überschätzung der Situation.

Beispiel:

Wenn der Abteilungsleiter einen Mitarbeiter vor den übrigen Versammelten mahnt, nicht die passende Kleidung für einen Vortrag oder eine Besprechung gewählt zu haben, so ist dies äußerst unangenehm für den Betroffenen. Daß er den Unmut seines Vorgesetzten nicht in aller Diskretion hat erfahren dürfen, zeigt hingegen, daß er hier in einem Feld arbeiten muß, das von Unbeherrschtheit und Überschätzung eines einzelnen geprägt ist.

Klage dein Leid niemand anderem als dem, der helfen kann

In eine mißliche Situation kann jeder im Laufe seines Lebens geraten. Sei es, daß man von einem lieben Menschen verlassen wurde, daß finanzielle Schwierigkeiten aufgetreten sind, sei es, daß einen eine schwere Krankheit ereilt. Sich in einer solchen Lage nach helfender Unterstützung umzusehen ist dabei ein wichtiger und erlösender Weg, sich aus der Misere zu befreien. Ob es sich nun um tatkräftige Unterstützung in Form persönlichen Einsatzes handelt, ob jemand mit finanziellen Mitteln aushilft, einen neuen Job in Aussicht stellt, einen Arzt empfehlen kann oder auch nur für eine Aussprache zur Verfügung steht.

Von seinem Leid so zu berichten, daß der Gedanke einen leitet, von anderen eine konkrete Unterstützung zu erhalten, erweist sich als der erste Schritt, der unglücklichen Situation wieder zu entkommen und eine Wende herbeizuführen. Doch ist es wichtig, Unterscheidungsvermögen walten zu lassen, bei welchem Ereignis und auf welche Weise sich der Angesprochene in die Lage gesetzt sieht, helfen zu können oder helfen zu müssen. Nur jene Personen über sein Leid zu informieren, die etwas zu einer Veränderung beitragen können, heißt, sich selbst gerecht zu behandeln, und gibt jenen Personen, deren Hilfe man erhofft, Gelegenheit, aus altruistischem Handeln ihre eigene Zufriedenheit zu gewinnen.

Habe immer die Aufmerksamkeit auf dem Wohlergehen der anderen

Ruht die eigene Aufmerksamkeit mehr auf dem Wohlergehen des anderen als auf dem eigenen Wohlbefinden, existieren plötzlich weit weniger Dinge, die einem Unbehagen bereiten könnten. Die eigenen Probleme rücken aus der Aufmerksamkeit fort, und der Grad der Freiheit, sich in jedem Augenblick entscheiden zu können, etwas Gutes oder etwas Wertvolles zu tun, wird um ein Vielfaches größer.

3. Wegmarken im Umgang mit Menschen

Sei nicht ungehalten, wenn andere dich intellektuell oder ethisch nicht anerkennen

Begegnet man Menschen, die einem in der einen oder anderen Hinsicht überlegen sind, ist es förderlich, sich an deren Lebensführung zu orientieren, ohne sie nachzuahmen.

Gerät man selbst in die Lage, daß ein anderer die eigenen Qualitäten aus Mißgunst herabsetzt und abwertet, zeugt es von Wohlwollen, den anderen nicht auf seinen Kleingeist hinzuweisen, nicht zu zeigen, daß der andere offensichtlich nicht die Größe besitzt, einem etwas zu gönnen, was er selbst nicht sein eigen nennt. Auch wenn es kränkt, seine Eigenschaften nicht gebührend anerkannt zu sehen, und man weiß, daß man diese in beständiger Arbeit mühsam erworben hat, um auf dem Weg des persönlichen Wachstums voranzukommen, so sollte dies keinen Anlaß geben, diese eigene Entwicklung, den eigenen Willen und die Ausdauer, die man darin aufgewendet hat, um sich selbst zu verbessern und weiterzuentwickeln, dem anderen auch in der kleinsten Art und Weise zum Vorwurf zu machen.

Hüte dich vor Schmeichlern

Man hüte sich, Schmeichlern, die ihr Wollen unter einer falschen Larve tarnen, mit übertriebener Liebenswürdigkeit zu begegnen. Ihr Wohlwollen endet abrupt, sobald derjenige sein Ziel erreicht hat. Auch ist es nicht förderlich, Stellung zu beziehen oder Partei zu ergreifen, nur weil man meint, es demjenigen schuldig zu sein, der einem schmeichelt. Verläßt dieser das eigene Umfeld, um sich an anderer Stelle mit größerer Hoffnung auf Erfolg einzuschmeicheln, wird man selbst schnell zum Außenseiter, wenn man es sich durch ungleiche Behandlung mit den übrigen verscherzt hat.

Führe mit Interesse auch ein zwangloses Gespräch

Nicht mit jedem wird man eine anregende und aufschlußreiche Unterredung führen können, wird ein Thema finden, das beide in Bann geschlagen hält, auch menschlich wird man mit manchen nur schwer Anknüpfungspunkte finden. Es mag an gleichen Worten und ähnlichen Erfahrungen fehlen, um sich austauschen zu können. Nichtsdestotrotz können auch solche Unterhaltungen belebend sein, sobald man sich auf die Welt des anderen einläßt.

Pflegt man etwa selbst die Vorliebe, eine Unterhaltung so zu führen, daß sie zu persönlichen und geistigen Höhenflügen Anlaß gibt, und findet man in seinem Gesprächspartner jemanden, der seine Angelegenheiten grundsätzlich lieber mit seichter Vergnügtheit betrachtet, so versuche man nicht, Gewichtigkeit in das Gespräch zu bringen, sondern sich auf dem gleichen launigen Niveau auszutauschen, ohne etwas zu fordern, das zu keinem Ergebnis kommen kann.

Erfolgs-Tip:

Je eher man bemerkt, wen man vor sich hat, wie und was man mit jedem reden könne oder müsse und was besser zu unterlassen sei, desto schneller wird man mit jedem eine gute Gesprächsbasis finden, auf der man sich für beide Teile befriedigend austauschen kann.

Sei achtsam im Verteilen von Wohltaten, noch weniger fordere sie

Ständige Gaben beweisen zwar, daß man helfen möchte, bedeuten aber auch, daß dem Empfangenden nicht zugetraut wird, sich aus eigener Kraft weiter voranbringen zu können oder sich aus einer prekären Lage zu befreien. Gefälligkeiten hingegen regelrecht einzufordern wird immer in Schuldigkeit enden.

Wohltaten müssen sich nicht auf pekuniäre Belange beschränken. Bei jeder Arbeit, die gelungen ist und an der man sich selbst freuen kann, Unterstützung zu erheischen und zu hoffen, man müsse damit die Aufmerksamkeit anderer erregen können, ist bei genauer Betrachtung eine Form, die dem Betteln nicht unähnlich ist.

Achtung: Unterstützung anzubieten und gegebenenfalls auch anzunehmen ist unverzichtbar. Nicht jedoch, wenn daraus eine Selbstverständlichkeit wird, der Belobigung des anderen zu bedürfen, und die eigene Antriebskraft schließlich darunter leidet.

Interpretiere anderer Menschen Verhalten nicht

Es ist schwierig genug, die eigenen seelischen Untiefen zu ergründen und jede Handlung oder Reaktion, die man selbst setzt, logisch zu begründen. Es ist hingegen unmöglich, die Gedanken und Beweggründe des anderen zu erraten. Sich darüber Gedanken zu machen, weshalb der andere einen mit schrägem Blick angesehen hat (der in dessen Augen vielleicht gar kein schräger Blick war), ist dementsprechend nicht förderlich.

Durch das Hinterfragen, was die Reaktion des anderen in bezug auf das eigene Verhalten bedeute, stellt man sich – bei strenger Selbstbeobachtung – selbst in den Mittelpunkt.

Achtung: Das Grübeln des Hotelrezeptionisten etwa gegenüber einem Gast, der auf einmal so kurz angebunden ist, wo noch heute vormittag ein anregendes Gespräch miteinander stattgefunden hat, ist in den meisten Fällen ohne Chance auf Erkenntnis. Förderlicher ist es, dem Gast in gleichmäßig angenehmer und erfreulicher Gestimmtheit zu begegnen, ohne die eigene Reaktion auf dessen Verhalten abstimmen zu wollen.

Hilfreich ist die Vorstellung, daß die Tendenz zur Überinterpretation von unangenehmen Situationen aus der eigenen Unsicherheit entsteht, etwas falsch gemacht zu haben. Man will über den Umweg des anderen seine eigenen Fehler ergründen. Wer sich seines Verhaltens immer bewußt ist und sein möglichstes tut, sich in seinem Benehmen keine Ungeschicklichkeiten zukommen zu lassen, hat den komfortablen und angenehmen Zustand erreicht, über die Laune eines anderen gelassen hinwegsehen zu dürfen.

Halte die Disziplin, den Schein von der Wahrheit zu unterscheiden

Der schöne Schein, die vermeintliche Größe, die zur Schau gestellte Tüchtigkeit sind Verheißungen, die im anderen die Hoffnung nähren, daß man ohne viel eigenes Zutun zum Erfolg kommen könne. Es sind dies Fallen, die man sich selbst stellt und denen es, einmal errichtet, nur schwer zu entrinnen gelingt. Gibt man etwa vor, für jemandem bei einer angeblich einflußreichen Person »etwas für einen tun zu können«, und kann dieses Versprechen nicht halten, ist der Verlust des Vertrauens sicher.

Es kann auch sein, daß man einem Geschäftsfreund etwa anbietet, seine gesamte Verkaufslogistik zu überarbeiten, alles zu modernisieren und elektronisch auf den neuesten Stand zu bringen, auch wenn man über dessen tatsächliche Verhältnisse und Anforderungen nicht so genau Bescheid weiß. Auf den ersten Blick mag man denjenigen blenden und beeindrucken können, indem man von all seinen Aktivitäten erzählt, die man gerade hier und gerade in solchen Fällen schon habe durchführen können.

Man läßt daraus gern den Schluß ziehen, man müsse doch eine Menge von diesen Dingen verstehen. Findet dann die Probe aufs

Exempel statt, verfliegt der schöne Schein im Nu, es kommt zum offenen Streit, und in dessen Folge bleiben mehr Unannehmlichkeiten und Chaos in der Firma zurück als je zuvor.

Achtung: Als hätte man die prunkvollen Pappmachékulissen zur Seite geräumt, kommt auf einmal die Leere dahinter zum Vorschein. So entzaubert sich der Schein, und es kommt eine Wahrheit hervor, die noch kleiner und geringer ist, als es eigentlich hätte sein müssen, wenn ein offenes und ehrliches Wort die Erwartungen nicht in den Stand des »hellsten Scheins« gehoben hätte.

Enthülle nie öffentlich die Fehltritte und Schwächen deiner Mitmenschen

Die Schwäche eines anderen gilt es möglichst privat, diskret und geheim zu behandeln. Die Kollegin, die beispielsweise in der Kristallwarenabteilung dazu neigt, in Streßsituationen gelegentlich die Namen und Zahlen durcheinanderzubringen und vorübergehend den Überblick über die Gesamtsituation zu verlieren, weiß genau um diese Schwäche, die ihr zudem noch äußerst unangenehm ist. Kann sie sicher sein, daß ihre kleine Unvollkommenheit diskret und zurückhaltend behandelt wird von allen, die sie umgeben, so holt sie im Fall ihrer Überforderung leicht und ungeniert eine zweite Kollegin, um sie zu unterstützen, um zumindest keine nachhaltigen Fehler zu begehen.

Dieses Manko ist trotzdem allen bekannt, da aus dieser Schwäche jedoch nie eine unangenehme Konsequenz entstanden ist, ist sie für niemanden ein Thema. Die schwachen Seiten des anderen, von denen man Bescheid weiß, gilt es verschwiegen zu hüten, und es in der alltäglichen Situation stets demjenigen selbst zu überlassen, sie zur Sprache zu bringen, wann immer er es für angebracht hält. Auf Schwächen anderer mit Hilfestellung und höflichst vorgetragener Unterstützung zu reagieren sollte die einzige Reaktion und Konsequenz sein.

Sei geduldig oder hilfreich

Fällt einem eine Tätigkeit leicht und macht es einem auch keine Mühe, sich etwas Neues anzueignen, geht einem mitunter die Einsicht verloren für einen, der weniger Übung hat oder sich beim Dazulernen schwerer tut. Man verdrängt leicht die eigenen Anfänge, und die Ungeduld gegenüber dem Neuling wird zum bestimmenden Lebensgefühl. Ist jener vielleicht sogar mit weniger Geschick gesegnet und gehört nicht zu den Glücklichen, die ohne jede Anstrengung ihre Fähigkeiten erweitern können, verstärkt sich leicht diese Stimmung.

Erfolgs-Tip:

Hilfreich ist es, sich zu vergegenwärtigen, daß nicht der, der alles kann, zu den Gewinnern zählt, sondern der, der beständig dazulernen möchte und sich dessen bewußt ist, um wieviel größer das Feld ist, das er vor sich hat, dem er mit Staunen und Bescheidenheit gegenüberstehen kann, um sich immer wieder etwas Neues daraus zu erschließen.

4. Wegmarken des Gleichmuts und der Gelassenheit

Bewahre Gleichmut, auch wenn du deine Meinung verteidigen mußt

Wird mit Vehemenz und Leidenschaft eine Ansicht vertreten, ist einem zweifellos Aufmerksamkeit sicher. Stürmisch seine Meinung zu verteidigen mag gelegentlich auch Mitstreiter hervorbringen, die einen lautstarken Befürworter ihrer eigenen Meinungen suchen.

Man erlebt sich dabei selbst in schwindelnden, geradezu berauschenden emotionalen Höhen, läuft aber leicht Gefahr, das eigentliche Ziel aus den Augen zu verlieren. Geht es doch – bei genauerer Betrachtung – gerade in solchen Streitgesprächen fast immer und vor allem um die persönliche, emotionale und mitreißende Performance, die seitens der Gesprächspartner dabei geliefert werden kann, und erst in zweiter Linie um das Vertreten eines bestimmten Sachverhalts.

Ist man hingegen wirklich daran interessiert, ein Gespräch über die sachliche Ebene zu führen und eine Überzeugung zu vermitteln, beweist man erst recht, ja sogar fast ausschließlich durch eine ruhige und beherrschte Gesprächsführung, daß man am Ergebnis mehr Interesse hat als an der persönlichen Kraft und Macht, die man selbstredend entfalten kann, wenn man schreiend und tobend durch die Gegend läuft. Dementsprechend gering ist die Ausrede, daß laute Worte und heftige Wortgefechte angebracht seien.

Kann man trotz ausführlicher Sachkenntnis den anderen nicht von einer festgefahrenen und unrichtigen Ansicht abbringen, gibt man mit der ruhigen Zurückhaltung, mit der man argumentiert, zugleich mehr Spielraum, die beiden aufeinanderprallenden Meinungen noch einmal zu überdenken, als durch ungestüme Wortgewalt. Nicht nur die Inhalte wirken überzeugender, glaubwürdiger ist ebenso die Person, die sich nicht gehenläßt und Gleichmut bewahrt.

Wahre den rechten Abstand

Persönliche Distanzzonen werden kulturell bedingt mit unterschiedlichen Entfernungen angegeben, diese sind aber innerhalb einer Kultur möglichst einfühlsam und aufmerksam einzuhalten. Werden diese persönlichen Bereiche überschritten, zieht man sich unweigerlich die unbewußte Aggression oder zumindest die Abwehrbereitschaft des Betreffenden zu.

Ein Schritt zu nah ist rasch getan und ein Zu-Nahe-Kommen ist schwerer wieder zurückzunehmen, als einen großen Abstand allmählich zu verringern. Es ist durchaus heikel, Territorien ungefragt zu überschreiten und darin einzubrechen. Nicht wenige Kriege haben so ihren Anfang genommen. Ähnlich verhält es sich auch mit der zwischenmenschlichen Begegnung.

Um aus der Anonymität eines Kauferlebnisses oder einer Geschäftsbeziehung eine persönlichere Begegnung zu machen, wird gelegentlich auch die körperliche Berührung als Mittel eingesetzt. Ein höchst zweifelhaftes Unterfangen, das mit großer Wahrscheinlichkeit eine unschmeichelhafte Interpretation für derartiges Verhalten nach sich ziehen kann und mit um so größerer Distanz des »Angegriffenen« beantwortet werden wird. Körperliche Berührungen sind Pflegeberufen oder Heilpersonal vorbehalten bzw. Berufen, in denen die körperliche Berührung mit der Ausübung der Tätigkeit unmittelbar verbunden ist.

Kommt man bei einer beruflichen Begegnung einer Person zu nahe, auch ohne daß damit unbedingt eine Berührung verbunden sein muß, löst das im »Bedrängten« Unbehagen und Verwunderung aus oder läßt ihn auf falsche Kumpanei schließen. Man empfindet das Verhalten als unangebracht und wird zumindest unterschwellig mit Mißtrauen reagieren.

In Gesprächssituationen

Zu direktes Nachfragen wird nicht als Anteilnahme aufgefaßt, sondern als Neugier und Mangel an Taktgefühl. Auch hier gilt es, Fingerspitzengefühl zu entwickeln, wie weit das Nachfragen dem anderen angenehm ist und er Auskunft geben möchte. Ein angemessener Respektabstand wahrt nicht nur die Würde des anderen, sondern schafft auch für einen selbst genügend Raum, um im Laufe der Begegnung zu entscheiden, welche Distanz der Beziehung gerecht wird.

Miß den Dingen nicht zu große Bedeutung bei

In ausgeglichener, aber zugleich anteilnehmender, erfrischender und zuversichtlicher Art auf die Höhen und Tiefen eines Tages zu reagieren hält eine gleichmäßig angenehme Grundstimmung aufrecht. Es läßt sich so alles klarer erkennen, ohne sich in übertriebene Emotionen zu verstricken, und weist einen als stabilen und vitalen Partner aus.

Sich freizuhalten von den Kleinigkeiten, die nicht wert sind, daß großes Aufheben um sie gemacht wird. Nicht jeder Anruf wird zur emotionalen Hochschaubahn, ein neuer Auftrag wird nicht sofort in Euphorie umgesetzt, die Minuten später in eine unkontrollierte Traurigkeit übergeht, und eine erforderliche Korrektur, gibt keinen Anlaß, in den tiefsten Keller zu sacken. Die Dinge behalten ihren Rahmen und ihr Verhältnis, in dem sie zum Leben als Ganzes stehen.

Gib lieber einer Pflicht nach als einer Zerstreuung, die keinen Genuß auslösen kann

Hat man plötzlich einen Tag zur freien Verfügung oder ist der Arbeitsplan etwas lockerer gestaltet, kommt es vor, daß man Stunden um Stunden mit Aktivitäten verbringt, die weder die Kraft haben, eine wirkliche Freude auszulösen, noch das Gefühl vermitteln, etwas Sinnvolles getan zu haben.

Man weiß, daß man die Zeit hätte besser nutzen können, als sie ungeordnet zu »vergeuden«. Man gerät leicht in eine verdrießliche Stimmung, wenn man mal dies, mal jenes tut, sich kurzzeitig beim Jammern über gewisse Mißstände zerstreut oder im Privaten bei einem schlechten Fernsehprogramm sich nicht wirklich entspannen oder unterhalten kann. Am Ende eines solchen Tages ist man wohl müde, aber bleibt doch irgendwie unbefriedigt zurück. Zum Wohl der eigenen Gelassenheit ist man besser dran, wenn man sich an einem solchen Tag ganz bewußt jene Dinge sucht, die schon lange auf Erledigung warten. Am Ende eines solchen Tages weiß man, was man getan hat, man konnte seine Fähigkeiten zielgerichtet einsetzen und hat seine Talente bewiesen und damit sich selbst gezeigt, daß man das eigene Wollen und Handeln unter Kontrolle halten kann.

Nach so einem Tag ist der Abend ein wohlverdienter Genuß. Dem Prinzip des Dualismus gehorchend, bei dem das Dunkle das Helle braucht, um sich erst durch den Gegensatz zu entfalten, ist die Muße nur als Gegenpol zu verrichteter Arbeit wirklich genußvoll.

Genieße die Sorgfalt, was immer deine Aufgabe sein möge

Das alte Geheimnis der großen Köche ist ihre Einstellung zur Sorgfalt. Mit Liebe zu kochen bedeutet für sie, sich mit der gesamten Aufmerksamkeit, Hingabe und Sorgfalt der Arbeit zu widmen. Speisen, so sagen sie, die mit dieser Einstellung zubereitet wurden, sind nicht nur geschmacklich besser, sie sind auch bekömmlicher und verträglicher. Ihre Einstellung könne man schmecken, sagen sie, und auf alle Bereiche anwenden.

Selbst bei Erledigungen, die einem wenig Begeisterung entlocken, sei es bekömmlicher, nicht erst Zeit und Gedanken darauf zu verschwenden, sich mit dem Gefühl des inneren Widerstandes auseinanderzusetzen und danach zu fragen, ob man die Sache gerne tue oder nicht. Achtlos, lieblos und unkonzentriert ausgeführte Arbeit sei immer ohne Gewinn an Lebensfreude. Sie verbrauche mehr Zeit und Energie als nötig und schaffe beim Ausführenden sowie bei dem, für den sie angefertigt wurde, Unzufriedenheit und Unmut. Förderlicher sei es, einfach mit seiner Arbeit in dem Bewußtsein anzufangen, seine Aufgabe mit bester Energie erfüllen zu wollen.

5. Wegmarken in der Wahl seines Umgangs

Wähle die Weisen zu deinem Umgang

Es bereichert ungemein, sich mit Menschen zu umgeben, die viel Erfahrung mitbringen und innere Größe erlangt haben. Diese Bereicherung liegt jedoch nicht in den Eigenschaften, die man dem anderen nachmachen oder abluchsen kann. Es ist eine Art von Bereicherung, die entsteht, weil man gezwungen ist, von seinen schlechten Eigenschaften Abstand zu nehmen, will man den Weisen ebenbürtig sein. Jenen Eigenschaften, an denen es einem mangelt, wenn man sich mit Menschen umgibt, deren Ansprüche geringer sind als jene, die Weise und große Persönlichkeiten an einen stellen, die einem abverlangen, zurückhaltend, herzlich, gelassen und achtsam zu sein im Umgang mit ihnen.

Darin liegt der erste und vielleicht größte Gewinn, den der Umgang mit weisen Menschen bringt. Daß man sich einiger schlechter Gewohnheiten entledigen muß, wenn man will, daß man auf eine Ebene gelangt mit jemandem, der weise ist und groß in seinem Inneren.

Je eher man sucht, sich an den gewachsenen Persönlichkeiten zu orientieren, desto mehr wird man im eigenen Wachstum davon profitieren. Mag es einem manchmal fast zu viel abverlangen an eigener Zurückhaltung und Aufmerksamkeit, so sind gerade diese

Eigenschaften, die man zu erwerben sucht, um dem Weisen nicht nachzustehen, für einen selbst ein unbestrittener Gewinn.

Schwache Persönlichkeiten, die sich leicht erniedrigt fühlen, wenn große Persönlichkeiten in ihrem Umfeld sich bewegen, fühlen sich indes gehindert, ihren kleinen Schwächen und ihren unwürdigen und herabmindernden Verfehlungen weiter nachgehen zu können. Zwar sind es oft gerade diese Minderwertigkeiten, die jene in einer stillen Stunde einem Freund beichten und schwören, daß sie diese ablegen wollten. Im Augenblick, in dem eine große Persönlichkeit jedoch erscheint, schrumpft der Charakter wieder auf das kleinste mögliche Maß zusammen und rühmt sich, seine »Freiheit« ausleben zu wollen. Ignoranz und Dummheit ist das häufigste Produkt, das solch einem Menschen in den darauf folgenden Worten und Taten entströmt.

Der alte Satz, der über die Größe eines Menschen eine Definition abzugeben versucht, hat aus diesem Blickwinkel wohl kaum etwas an Sinn und Aussagekraft verloren: Das Maß des Charakters eines Menschen ist daran zu messen, wieviel Größe und Weisheit er neben sich erträgt.

Meide die permanent Unzufriedenen

Diesen geht es eher darum, ihren Mißmut kundzutun, als daß ihnen wirklich an Veränderungen gelegen wäre. Jede Gesellschaft braucht kritische Geister, die Zustände hinterfragen und öffentlich ihre Einwände oder Vorschläge äußern. Im Kreise heller Köpfe so manchen Sachverhalt prüfend zu durchleuchten kann die eigene Weltsicht erfrischend modellieren und althergebrachte Anschauungen erneuern. Es gilt jedoch, sich fernzuhalten von jenen, die stets nur ihren Unmut über die herrschenden Zustände äußern, dies aber nur unter Freunden oder Kollegen tun, nie aber an zuständiger Stelle ihre Einwände vorbringen.

Diese Personen schaffen nur Mißstimmung, meist aus eigener Unzufriedenheit und der Ohnmacht, für Veränderung die Verantwortung nicht übernehmen zu wollen. Sich diesen anzuschließen heißt, sich in einen Sog zu begeben, der die eigene Stimmung und Leistungsbereitschaft hinunterzieht, ohne auf tatsächliche Mißstände zu achten und deren Behebung voranzutreiben.

Erfolgs-Tip:

Es beweist Zivilcourage, Dinge, die allgemein angeprangert werden, also keine subjektiven Wahrnehmungen sind, nicht auf sich beruhen zu lassen, sondern sich aktiv für eine Verbesserung der Gegebenheiten einzusetzen.

Zu den häufigsten Tatbeständen, bei denen rascheres Einschreiten notwendig wäre, zählen sexuelle Belästigung und Leistungsforderungen zu inadäquaten Bedingungen. Unhaltbare Zustände aus Angst oder Bequemlichkeit nicht zu verändern suchen zeugt nicht nur fortschreitende Unzufriedenheit, sondern ist auch allen Nachfolgenden gegenüber verantwortungslos, da man diese bewußt in dieselben Fallen tappen läßt.

Lasse dich nicht herab, im Kreise schaler Köpfe den Spaßmacher zu spielen

In manchen Gemeinschaften gibt es oft einen, der sich selbst beständig zum Clown macht. Er reißt Witze, die ob ihrer Schlüpfrigkeit oder Banalität kein anderer erzählen würde, berichtet Anekdoten, in denen er selbst eine unrühmliche Figur macht, und scheint körperliche Ungeschicklichkeit und Mißgeschicke für sich gepachtet zu haben. Hinter der Fassade dieses oberflächlichen Spaßmachers und Possenreißers verbirgt sich oftmals eine ernsthaftere Natur als in den Menschen, mit denen er sich umgibt.

Aus Furcht, zum Außenseiter zu werden, der ein Kluger unter Dummköpfen ohnedies ist, aus Ängstlichkeit, in dieser Gesellschaft nicht mehr angenommen und akzeptiert zu werden, fehlt der Mut, die echten Wesenszüge offen zu zeigen. Er nimmt sich dadurch die Chance, auf Menschen zu treffen, die ihn in seinem tatsächlichen Charakter schätzen und fördern.

Auch innerhalb einer Arbeitsgemeinschaft wird der, der sich wider seine Natur verhält, keinen eigenständigen, wertvollen Beitrag leisten können, da er durch sein Benehmen nicht nur sich selbst, sondern auch seine Mitstreiter darum bringt, seine Fähigkeiten zielgerichtet einzusetzen. Nicht nur, daß er sich selbst Schaden zufügt, kompromittiert er damit auch die Menschen, die um seinen wahren Kern wissen, sich zu ihm bekennen und zu ihm halten möchten. Wer sich selbst verleugnet, verleugnet auch seine wirklichen Freunde.

> **Erfolgs-Tip:**
>
> Besser ist es, sich die Menschen und den Arbeitsplatz zu suchen, auf dem man unter Gleichgesinnten ist, mit denen man sich versteht und sich austauschen kann. Die man selbst schätzt und von denen man, vice versa, ebenfalls geachtet wird.

Sei nicht jedermanns Freund und Vertrauter

Vorbehaltlos und ohne jeden Argwohn auf jedermann zuzugehen ist eine der privilegierten Eigenschaften, die Kinder auszeichnen. Sie gehen spontan auf jeden zu – ohne Mißtrauen und Erwartungshaltungen. Im weiteren Lebensverlauf gelangt man zu der Erfahrung, daß es weder zuträglich noch angebracht ist, jedermann mit der gleichen Vertrauensseligkeit zu begegnen.

Zwar verdient jeder, daß man ihm offen und vorurteilsfrei entgegenkommt, es wäre jedoch naiv, jedem Fremden seine privaten Anschauungen, Wünsche und Empfindungen uneingeschränkt mitzuteilen. Zum einen überfordert man damit den so unvermutet ins Vertrauen Gezogenen, für den es schwierig ist, soviel überschwengliche Offenheit richtig einzuschätzen. Zum anderen wird ihm ein unangebrachtes Vertrauen entgegengebracht, das sich als eine unliebsame Bürde erweisen kann. Wird ihm als Wissensträger persönlicher Angelegenheiten doch ein Maß an Verantwortung übertragen, das er vielleicht nicht zu übernehmen bereit ist. Zusätzlich mag sich der andere gezwungen fühlen, seinerseits mehr von sich preiszugeben, als ihm angenehm ist und angebracht scheint.

Wer zu schnell bereit ist, persönliche Stärken und Schwächen zu offenbaren, wird von seiner Umgebung zudem rasch als »Leichtgewicht« eingestuft. Zu große Vertrauensseligkeit läßt auf ein kindliches Gemüt schließen und nicht auf einen gleichwertigen Partner. In einer kräftegleichen Begegnung nähert man sich Zug um Zug einander an.

Achtung: Als neu Hinzukommender in einer Runde, bei der man sich möglichst rasch bei allen beliebt machen möchte, übersieht man in einem übertrieben zuvorkommenden Verhalten, wer einem tatsächlich gewogen ist, wer sich mit einem nur gut stellt, um sich daraus Vorteile zu verschaffen, oder wer einem ablehnend und distanziert gegenübersteht. Nur indem man in einem ausgewogenen Schritt für Schritt aufeinander zugeht, ähnlich einem Kartenspiel, bei dem ebenfalls nicht alle Trümpfe gleich zu Beginn einer Partie ausgespielt werden, kann eine ausgeglichene Beziehung zustande kommen.

Dränge dich nicht den Erfolgreichen und den Wohlhabenden auf

Das Leben nach eigenen Maßstäben zu gestalten garantiert Unabhängigkeit und Zufriedenheit. Respektiert wird, wer selbst weiß, was er zu bieten hat und wo er steht.

Trotzdem strahlen Personen mit Vermögen, Status, Einfluß und einem hohen Bekanntheitsgrad für so manchen eine große Anziehung aus. Sich in Gesellschaften und Kreise hineinzuzwängen, die nicht dem eigenen Status entsprechen, erzeugt kein Wohlbefinden, sondern zwingt, etwas vorzuspiegeln, das nur mit Mühe aufrechterhalten werden kann. Auch Hochstapelei erfordert Geschick und Talent, und selbst wenn einer darüber verfügt, enden diese Versuche zumeist in der Judikatur. Durch ständige Verdrehungen und Wendungen hört man jedoch schon lange davor auf, »authentisch« zu sein.

Ob man jeden Geldschein hinterrücks umdrehen muß, weil man versucht ist, sich mit unnötigen Statussymbolen zu umgeben, oder sei es, daß man Personen nach dem Munde reden muß, deren Ansichten man nicht teilt. Es wird jemandem, der sich künstlich anbiedert, auch kein ehrlicher Zugang in eine Gesellschaft gewährt, ist doch die Anstrengung spürbar, der sich derjenige unterwirft.

Erfolgs-Tip:

Förderlich ist es, zu hinterfragen, ob man nicht falschen Vorstellungen von Erfolg hinterherjagt, wenn man sich Prominenz, Status oder Vermögen als die entscheidenden Lebensziele setzt.

6. Wegmarken der Selbstachtung

Laß dich nicht gehen, arbeite beständig an dir selbst

Man wird zum Zentrum einer Gemeinschaft, wenn man sich in seinen Ansprüchen und Regungen zu beherrschen weiß. Zudem gibt es Kraft und Sicherheit, zu wissen, daß es einem etwa mühelos gelingt, einem Kollegen gegenüber, gegen den man Animositäten hegt, seine Abneigung zu unterdrücken und diesen niemals spüren zu lassen, daß man Ressentiments in sich trägt. Vielmehr hat man die Freiheit erlangt, jederzeit und unter allen Umständen um Verbindlichkeit bemüht sein zu können.

Wenn eine gewisse Trägheit einen dazu bringen will, sich behaglich aus dem Arbeitsprozeß zurückzuziehen, anstatt sein Möglichstes zu geben, weiß man um die Sicherheit des eigenen Benehmens, das niemandem zur Last fallen wird.

Wenn ein anderer seine Unordnung als kreatives Chaos rechtfertigt und es damit allen erschwert, wichtige Unterlagen zu finden, statt sich um Ordnung zu bemühen, kann man auf die eigene Ruhe bauen, die den Chaoten um größere Achtsamkeit bitten kann.

Das Bewußtsein der Kontrolle über sich gibt Sicherheit und Gewißheit. Nicht jedes Verlangen muß sogleich gestillt werden, nicht jede Regung sofort zum Ausdruck gebracht werden. Man bleibt frei davon, daß der Mangel an Selbstkontrolle einen zum Spielball eigener Triebe macht.

Erfolgs-Tip:

Konstruktive Zusammenarbeit ist jederzeit möglich, da man seine Regungen und Wünsche zügeln und seine Bedürfnisse kontrollieren kann. Die Einsicht in die Beherrschung des Selbst führt zur Freiheit in der Wahl des eigenen Handelns. Das beständige Überprüfen seiner Handlungen und unermüdliches Arbeiten an sich selbst wird zum eigentlichen Genuß, der aus den alltäglichen Handlungen erwächst.

Sei zu dir selbst zumindest so streng, wie du es zu anderen bist

Selbstrespekt ist das Bewußtsein, den eigenen Schwächen gegenüber zumindest so erbarmungslos zu sein, wie man es den Schwächen gegenüber ist, die man an anderen entdeckt.

Beständig die Achtsamkeit zu mehren, die eigene Schwäche zu schwächen und die eigenen Stärken zu stärken fördert ein natürliches Vertrauen in jenen, die einen dabei beobachten und in seinem Bemühen erleben. Verlangt man von sich selbst ab, was man von anderen fordert, gewinnt man an natürlicher Autorität.

Wird eine Verhaltensregel vorgegeben, für die jeder seinen Beitrag leisten muß, läuft auch der Perfektionist nicht Gefahr, den Anspruch auf Machbarkeit und Ehrlichkeit zu verlieren, und kann trotzdem seinen Idealen folgen.

Beispiel:

Wenn der Maître d' hôtel die Lehrlinge auf das strengste ermahnt, die Stühle gerade zu rücken, nachdem die Gäste aufgestanden sind, und dabei stets darauf achtet, nie seinen eigenen Tisch zu verlassen, ohne selbst das gleiche zu tun, wird er in mehrfacher Hinsicht zum Vorbild. Zum einen, da er die gestellte Forderung auf idealtypische Weise vorzeigen kann, und zum anderen, da er ohne Worte die Forderung aufrechterhält, daß dies im Sinne des Hauses ist.

Scheue dich nicht, die guten Seiten an dir herauszustreichen

Wenn man zu den Beginnern innerhalb eines Teams gehört oder nur einen Teil seiner Talente in einem Projekt einbringen kann, mit seinen Fähigkeiten aber einen wichtigen Beitrag zum Gelingen eines Projekts beiträgt, gibt es allen Grund und Anlaß, seine eigene Leistung in vollem Umfang zu genießen.

Trifft man auf jemanden, der etwa über ein besseres Redetalent verfügt, der größere geschäftliche Erfolge erzielt, belesener ist oder so manche Stärke bereits erreicht hat, so besteht durchaus der Anlaß, seine eigene Leistung und den Wert der eigenen Arbeit dennoch mit der größten Selbstachtung zu betrachten.

Man sehe es besser als eine Gelegenheit, Menschen zu begegnen, an denen man sich orientieren und von denen man lernen kann. Auch darf man es als Erleichterung sehen, nicht einer ständigen Erwartungshaltung gerecht werden zu müssen, die meist auf führenden Köpfen lastet.

In einer Begegnung dieser Art, gilt es, dem Tüchtigen gebührenden Respekt zu erweisen, aber nicht zu zögern, auf die eigenen menschlichen oder fachlichen Qualitäten aufmerksam zu machen.

Handle stets konsequent

Es ist selbstsicher und wohltuend, sich einmal zu einer Meinung durchzuringen und infolgedessen zu einer gleichbleibenden Handlungsweise zu gelangen, die aus der Gewißheit entsteht, sich selbst und seinen Überzeugungen treu bleiben zu können. Es gibt Sicherheit und Ruhe und fördert zudem das Vertrauen, das Menschen einem entgegenbringen, weil sie um die Konsequenz und die Klarheit des Charakters wissen. Die Umgebung weiß, woran sie ist. Sie bekommen die Chance, es einem recht machen zu können, weil es eine klare Linie in den Entscheidungen und Handlungsweisen gibt.

Der Kellner, der den Stammgast jeden Tag mit der gleichen Art freundlich begrüßt, löst bei seinem Gast das gute Gefühl aus, immer herzlich willkommen zu sein. Es ist ein Verhalten, das die Sicherheit gibt, tagtäglich gerne gesehen zu sein.

Sei kein Vielgeschäftiger, der nie zur Ruhe kommt

Von Zeit zu Zeit innezuhalten, um die eigene Position im Leben zu hinterfragen und die Sinnhaftigkeit und Rechtschaffenheit des eigenen Tuns, erweisen sich als besserer Kompaß für Erfolg und Zufriedenheit, als den Berg nie endender Herausforderungen ohne Plan bezwingen zu wollen.

Achtung: Sich stets vielbeschäftigt und unentbehrlich selbst in Kleinigkeiten zu geben umhüllt einen nicht mehr so selbstverständlich wie früher mit der Aura des Erfolges. Zu deutlich schimmert hinter dieser Fassade Rastlosigkeit und stete Unzufriedenheit mit dem Erreichten hervor, die unausgesprochene Angst, nicht genügend zu leisten.

Der Chef, der seine Mitarbeiter, die ihn kurz sprechen wollen, immer wieder geschäftig bis hektisch vertröstet, verliert nicht nur den Kontakt zu seinen Angestellten, sondern wird schließlich auch in seiner Führungsposition angezweifelt werden. Er erweckt durch seine Unruhe den Eindruck, sich nie ganz einer Sache zu widmen, und läßt dadurch den Schluß zu, daß er den Umfang und die Vielfalt seiner Aufgabe nicht mehr zu bewältigen vermag.

Unaufhörliches Tätigsein entlarvt sich häufig als Methode, nicht über die eigene Situation und Befindlichkeit nachdenken zu müssen, einer tiefergehenden Reflexion über das, was man ist und was man tut, in einem weiteren, existenziellen Zusammenhang auszuweichen. Den Lebensplan, der einen zum persönlichen Erfolg führt, erfährt man vor allem in Momenten der Ruhe und der Kontemplation.

Schreibe nicht unvorsichtig emotionale Briefe

Es kommt auch hin und wieder im Geschäftsleben vor, daß man die rationale Kühle über Bord wirft, wenn man eine ungerechtfertigte Mahnung, eine zu hohe Rechnung oder mit einem falsch ausgeführten Auftrag konfrontiert ist. Man bewahre sich aber in solch einer Situation davor, sich von hitzigem Ärger hinreißen zu lassen und wutentbrannt einen geharnischten Brief zu verfassen.

Liest der Schreiber nach einiger Zeit, wenn seine Wut abgeklungen ist, selbst die Zeilen, wird er beschämt feststellen, wie unsachlich seine Argumente ob des Grolls klingen und wie er selbst sich dadurch ins Hintertreffen manövriert hat.

Wer so unbeherrscht und unbedacht vorgeht, wird gerade in der Person, mit der es gilt, ein Mißverständnis oder gar eine ernsthafte Meinungsverschiedenheit auszuräumen, keinen wohlgesonnenen Gesprächspartner mehr finden.

Er wird merken, daß sich das Problem auf diese Weise nicht gelöst, sondern höchstens verschlimmert hat. Verquere Situationen gilt es am besten sachlich zu analysieren und sich die notwendige Information zu beschaffen, um zu wissen, weshalb der Fehler zustande gekommen ist. Mit diesem Wissen ist es legitim, höflich um eine Korrektur zu ersuchen oder eine andere Form der Bereinigung vorzuschlagen. Durch diese Vorgehensweise wird man erreichen, daß die mißliche Angelegenheit alsbald zur allgemeinen Zufriedenheit erledigt ist. Außerdem erhält man sich eine gute Gesprächsbasis und muß sich nicht beim nächsten Mal für die blamable Entgleisung entschuldigen.

Hadere nicht mit deinem Schicksal, sondern überlege, was du daraus lernen kannst

Es widerfahren einem Dinge im Leben, die unweigerlich die Frage des »Warum« aufwerfen. Warum passiert das gerade jetzt, warum läuft eine Angelegenheit nicht so, obwohl sie gut und gewissenhaft vorbereitet wurde? Warum habe ich von einem chancenreichen Angebot nur einen Tag zu spät erfahren, warum waren die Kunden mit der Präsentation nicht zufrieden, warum passiert der Knöchelbruch gerade in der Fertigstellungsphase eines Projekts?

Das »Warum« im Sinne von gerecht oder ungerecht, gut oder schlecht zu hinterfragen, ist wenig förderlich. Jede Frage nach dem »Warum«, das sich nicht mit der Lösung der Krise beschäftigt, raubt die Energie für ein konstruktives und nutzbringendes Korrigieren der Vorgänge. Zudem läßt es einen zu einem ungern gesehenen Gesellschafter werden, der in den Verruf kommt, sich mehr mit den Fragen der eigenen Niederlagen zu beschäftigen als mit sinnvollen Lösungen.

Dieses Bewußtsein um die eigene Verantwortlichkeit bewahrt zudem vor falschen und unnötigen Schuldzuweisungen, die andere kränken oder verletzen könnten. Diese Lebensauffassung beinhaltet ebenso, daß man sein Schicksal in einer beruhigenden

Art und Weise selbst in der Hand hat und beeinflussen kann, und bewahrt vor einem kleinlichen Abschieben auf diverse Umstände, mit Vorliebe auf die anonyme Person »der Gesellschaft«, mit dem Aspekt, man könne doch nichts dafür, daß alles so gekommen sei.

Wer sich dessen bewußt ist, wird jederzeit die Kraft finden, scheinbare Mißhandlungen des Schicksals nicht als Prügel zu verstehen, sondern als Lernschritt, sich ein anderes Verhalten anzueignen oder in einer anderen Weise als bisher zu reagieren.

Erfolgs-Tip:

Jemand, der seine Kraft auf den förderlichen Aspekt der Ereignisse konzentriert, bleibt für wohlwollenden Zuspruch zugänglich.

Er bleibt seinen Zeitgenossen erhalten als einer, der als Gesprächspartner gilt, dem man gern sein Interesse zuwendet, da er für das Hinterfragen seiner Angelegenheiten offen und aufmerksam bleibt. Nie wird ihm jemand die Form eines subtilen Egoismus vorwerfen können, der zwar andere nicht bewußt schädigt, aber für die Belange des Gegenübers kein Interesse mehr erübrigen kann, weil sie ihn ausschließen und abweisen von der Lösung, die man für ihn zu erreichen trachtet.

Laß dich nicht niederbeugen von jedem widrigen Vorfall

Wer weiß, daß er zuverlässig und aufmerksam seine Arbeit erledigt, hat genug Selbstbewußtsein, bei mißlichen Kleinigkeiten nicht gleich geknickt zu sein. Selbstvertrauen und die ehrliche Bereitschaft, auch dem Unbeholfenen oder dem Unwirschen so gut wie möglich dienlich zu sein und zur Seite zu stehen, sind bessere Maßnahmen, als sich dem Selbstmitleid hinzugeben.

Es ist ein großer Vorteil, sich weder von widrigen Vorfällen noch von äußerst erfreulichen Ereignissen aus der Bahn des heiteren Gleichmuts werfen zu lassen. Ist das eigene Stimmungsbarometer stets auf dem positiven oder negativen Extremwert eingestellt, kostet es ungleich mehr an Energie, sich wieder in eine stabile innere Lage zu versetzen.

Beispiel:

Die freundliche und ehrlich bemühte Beamtin an der Dokumentenausgabe wäre schlecht beraten, sich von dem Antragsteller, der in grobem Ton seine Papiere fordert, die Stimmung des ganzen Tages verderben zu lassen, weil sie den Vorfall zu ernst nimmt oder zu sehr auf sich persönlich bezieht.

Laß dich von körperlichen Schwächen nicht kleinmachen

Die Selbstheilung durch ein Erfolgserlebnis regeneriert mehr, als seine Energie auf irgendeine Form des Leidens zu konzentrieren. Kein Tänzer würde je das Scheinwerferlicht großer Bühnen genießen, würde er bei jeder kleinen Erkältung sogleich das Bett hüten. Der Angestellte, der sich trotz bester Gesundheit wegen einer kleinen Unpäßlichkeit von der Arbeit freistellen läßt, verliert auf seiner Berufslaufbahn viele Chancen, eine anspruchsvollere und damit befriedigendere Tätigkeit zu erhalten.

Wichtig: Am Erfolg teilhaben wird nur, wer sich in den Augen anderer über das Selbstmitleid erheben kann und auf die Kraft seiner Selbstheilung vertraut.

Sei was du bist und immer derselbe

Sich auf sein tatsächliches Wesen zu besinnen ist die einfachste Wahl, die man für eine erfolgreiche Selbstpräsentation treffen kann. Seine Umgebung wird es zu schätzen wissen, eine kongruente, feststehende Persönlichkeit vor sich zu haben und nicht erst hinter aufgesetzten Masken den wahren Kern suchen zu müssen. Hebt doch eine Maske bestimmte Wesenszüge hervor, verbirgt aber andere um so mehr, die mitunter hinterrücks und unvorhergesehen zum Vorschein kommen können.

Es ist auf Dauer für alle Personen angenehmer und nützlicher, mit ein und der gleichen Identität und Überzeugung einer Person zu tun zu haben, als mit jemandem, der seine Ansichten und sein Auftreten, den jeweiligen Zeitströmungen anpassend, den Versuch unternimmt, immer en vogue zu sein, oder aus anderen Gründen meint, sonst nicht unterhaltsam und interessant genug zu sein.

Erfolgs-Tip:

Wer seine inneren Überzeugungen gefunden hat und weiß, wo sein Platz im Leben ist, unabhängig von gesellschaftlicher Konjunktur, kann sich stets mit seinem wahren und ganzen Wesen präsentieren. Er erspart sich die ständige Suche nach einem möglichst günstigen oder perfekten inneren und äußeren Erscheinungsbild und die Sorge, diesem Idealbild nicht gerecht zu werden.

Ehre dich selbst, wenn du willst, daß andere dich ehren

Wer sich selbst achtet, wird auch von anderen nicht so leicht herabgesetzt werden. Wer sich selbst ehrt, wird auch im anderen leichter das Ehrenvolle als das Lasterhafte erkennen und den anderen zu würdigen verstehen. Sich selbst von seinen guten Seiten darzustellen gibt auch anderen die Möglichkeit, sich an der Person, die sich ihres Wertes bewußt ist, aufzurichten. Sich hingegen selbst als Tölpel darzustellen oder sich mit schlechten Eigenschaften und Lastern zu brüsten steht niemandem gut zu Gesicht. Wer nicht frei ist von kleinen Verfehlungen, muß nicht alle davon wissen lassen, weder, indem er sie wider besseren Wissens lauthals gutheißt, noch, indem er lautstark darüber klagt.

Vielleicht wird so mancher gelegentlich Mitleid erregen, doch geachtet sein wird er nie. Er wird die anderen eher peinlich berühren oder zur Last fallen, darf aber nicht erwarten, Aufmunterungen zu erfahren, wo er sich doch selbst ständig herabsetzt.

Wahre die rechte Zeit, um dein Talent und Können zu beweisen

Wer an seinem Talent gefeilt und es zur Kunstfertigkeit hat heranreifen lassen, möchte voll Stolz auch andere damit erfreuen. Sei es, um damit einem Instrument virtuose Klänge zu entlocken, sei es, das Gold der Kehle in reinsten Tönen erstrahlen zu lassen, sei es die Gabe, Geschichten lebendig und voll Verve zu erzählen, oder was immer sich an Fertigkeiten erdenken läßt.

Beherrscht einer seine Kunst so, daß es anderen zur Freude und Erbauung gereicht, wird er gern gesehener Gast und Unterhalter sein. Ist bei einer geselligen Zusammenkunft ein anderer da, der sich in derselben Kunst übt, aber besser darauf versteht, so lasse man diesem neidlos den Vortritt.

Achtung: Was immer man lernt, soll einem Freude auch während des Lernens bereiten und nicht erst ein fertiges Ergebnis. Mit entsprechender Selbstkritik wird man wissen, wann der rechte Zeitpunkt gekommen ist, das Erworbene einem Publikum zugänglich zu machen. In keinem Fall sollte man wider besseren Wissens sich einer Zuhörerschaft stellen. Weder ist es eine gute Übung, wenn sich der blamable Ausgang vorhersehen läßt, noch sollte man die Aufmerksamkeit der Zuhörer im Probestadium mißbrauchen.

Frage nicht, was dir das Leben bieten kann, sondern, was das Leben von dir erwartet

Um in der eigenen persönlichen Entwicklung voranzukommen, bedarf es bestimmter Vorstellungen, Umsetzungsstrategien und

Etappenzielen. Es ist jedoch verhängnisvoll, so konkrete Lebenserwartungen und fixe Vorstellungen zu haben, so daß kein Spielraum bleibt, um sich gegebenen Umständen anzupassen und neue Wendungen einzukalkulieren. Denn wenn die Dinge nicht so laufen, wie man es sich vorgestellt hat, beginnt man mit dem Schicksal zu hadern und ist versucht, mit Druck und Strenge den Weg auf genau die Weise fortzusetzen, die man fix geplant hat. Die Menschen der Umgebung werden als Erfüllungsgehilfen des eigenen Willens gesehen und nicht als wertvolle Wegbegleiter auf unbekanntem Neuland. Mißmut stellt sich ein, weil man der irrigen Meinung unterliegt, man selbst könne sämtliche Umstände willentlich, Kraft der eigenen Intelligenz, Durchsetzungsfestigkeit oder organisatorischen Qualitäten, beeinflussen. Wenn man nicht erkennt, daß man das eigene Leben nicht mit formender Intelligenz (nicht einmal mit emotionaler Intelligenz) steuern kann, sondern nur durch intuitives Erfassen der vorgegebenen Bahnen meistern kann, so ist man zu permanentem Scheitern verurteilt.

Erfolgs-Tip:

Nur wer erkennt, was das Schicksal von einem erwartet, und nicht ständig danach fragt, was das Leben einem bieten kann, um nach Viktor Frankl zu sprechen, kann dauerhaftes Glück, Zufriedenheit und persönlichen Erfolg erwarten.

7. Wegmarken des Anstands

Gib keinen Anlaß, anstößig oder herausfordernd zu wirken

Will man seinen Platz innerhalb der Gesellschaft behaupten, in der Geschäftswelt reüssieren und als stabile, ernst zu nehmende Persönlichkeit gelten, so empfiehlt es sich, eine gemäßigte Linie in Erscheinung und Auftreten einzuschlagen und sich nicht bewußt als

Außenseiter zu positionieren. Es wäre unklug, Kompetenz und Zuverlässigkeit durch falsch verstandene Lockerheit in Erscheinung, Verhalten und Ausdrucksweise zu unterminieren. Mit ungepflegten Haaren und in verschmutzter oder abgetragener Kleidung (was bei Jeans und Lederjacken beliebt ist) zu einer Einladung zu erscheinen, kann ebenfalls als anstößig oder herausfordernd empfunden werden. Es signalisiert dem Gastgeber, daß derjenige den Anlaß, die Mühe des Gastgebers und die übrigen Gäste weder achtet noch wertschätzt.

Sich gegen gesellschaftliche Normen und Regeln zu stellen, indem man mit dem gegenteiligen Verhalten darauf antwortet, heißt, sie zu akzeptieren, wenn auch aus einer spiegelverkehrten Perspektive.

Man kann sich auf den Standpunkt stellen, andere hätten einen partout so zu akzeptieren, wie man sich eben gibt, und Freizügigkeit als Freiheit mißverstehen, anstatt aus eigenem Interesse sich selbst respektabel zu präsentieren. Man macht es aber dadurch sowohl sich selbst als auch den anderen schwerer, eine gemeinsame Linie zu finden, da man Barrieren geschaffen hat, die erst überwunden werden müssen.

Weshalb auch sollte der andere diese Mühe auf sich nehmen. In Selbstüberschätzung anzunehmen, der andere müsse sich um seiner selbst willen in der Begegnung anstrengen, wird zu einigen Enttäuschungen führen, schließlich werden nur die wenigsten dies in Kauf nehmen.

Erfolgs-Tip:

Seinen Stil in Kleidung wie im Benehmen zu finden, ohne in Extreme zu verfallen, wird einem ein wohlgefälliges Auftreten verleihen. Man wird leichter Zugang zu anderen finden, und andere werden leichter auf einen zukommen, ohne daß man auf seine Individualität verzichten muß.

Schreibe nicht auf deine Rechnung, wovon anderen das Verdienst gebührt

Man bringt nicht einen rechtmäßigen Ersten um seine wohlverdiente Anerkennung. Auch wenn dieser nicht unmittelbar von diesem Vorfall erfährt, mag es ihm Schmerz bereiten, nie ein anerkennendes Wort über seine Leistung gehört zu haben, wurde die Anerkennung doch ausgesprochen, jedoch an den Falschen gerichtet.

Wenn der Verantwortliche den Mitarbeiter lobt, wie ausgezeichnet sich das neue System zur Evaluation der Unterlagen bewährt, das dieser zwar als erster eingesetzt, aber weder erdacht noch installiert hat, ist es ein leichtes, solch ein Lob dankend anzunehmen. Doch muß man für diese kleine Lüge der Selbstaufwertung in Kauf nehmen, sich eines Tages damit konfrontiert zu sehen, daß entweder der Schwindel auffliegt oder in Erinnerung an die außergewöhnliche Leistung eine ähnliche gefordert wird, die man sodann nicht zu leisten imstande wäre. Der fälschlich zu Lob Gekommene macht nicht nur seinem Kollegen Freude, wenn er diesen richtigerweise hervorhebt, es ist auch eine Geste der Großzügigkeit und erlaubt ihm, in die Freude des anderen miteinzustimmen.

Rühme dich nicht der Bekanntschaft einer angesehenen Persönlichkeit

Wer eine Persönlichkeit kennt, die einen großen Namen hat, genießt ein Privileg. Doch stets davon zu sprechen und sich dessen zu rühmen ermüdet die Zuhörer nicht nur, es ist auch ein Armutszeugnis, wenn man nicht selbst mehr zu bieten hat, als sich nur durch die Existenz eines anderen interessant zu machen.

Die Berühmtheit wird von dem, der sich mit dieser Bekanntschaft brüstet, zu einem Orden degradiert, den man sich beliebig ansteckt, ohne auch den Verdienst für dessen Erwerb auszuweisen. Durchaus mag eine solche Bekanntschaft auch auf den Qualitäten desjenigen, der so gerne darüber berichtet, beruhen, allerdings berechtigt es ihn nicht, davon Gebrauch zu machen, nur um sich selbst ein besseres Ansehen zu verschaffen. Einer solchen Bekanntschaft wird man nur gerecht, wenn man sie genießt und darüber schweigt.

Spiel dich in einem fremden Haus, in dem du zu Gast bist, nicht als Hausherr auf

Sich in einem fremden Haus als Hausherr aufzuspielen heißt, den Gastgeber um seine Freude an der Einladung und um die Verdienste um seine Gäste zu bringen. In einer Gesellschaft oder bei Freunden als Gast geladen zu sein bedeutet, sich bewirten und umsorgen zu lassen und nichts weiter zu tun, als dieses Angebot freudig anzunehmen.

Ein guter Gast lobt ehrlich die Bemühungen des Gastgebers und hilft, wenn eine zweite Hand gebraucht wird. Er macht sich nicht breit, indem er die privaten Räume des Gastgebers wie selbstverständlich betritt, meint, er dürfe als erster noch vor allen anderen Gästen von der Torte naschen oder den anderen Eingeladenen Anweisungen erteilen.

Achtung: Auch ein Stimmungsmacher ist in einer Gesellschaft nur so lange beliebt, solange er sich nicht penetrant in den Mittelpunkt stellt und alle anderen Gäste zu Nebendarstellern degradiert. Als Gast sich nicht von falscher Betriebsamkeit übermannen zu lassen und vor allem dem Veranstalter die Freude an der Festlichkeit zu lassen wird in jedem der Anwesenden eine wohlgemute Stimmung hinterlassen.

Suche keinen Menschen, auch den schwächsten nicht, in Gesellschaft lächerlich zu machen

Kleine Schwächen des anderen entweder zu übergehen oder demjenigen mit Geduld und ehrlicher Zuwendung unter die Arme zu greifen, wird auch für den Stärkeren das Gefühl eines sinnvollen Einbringens und Einsetzens seiner Fähigkeit und seiner Menschlichkeit geben.

> **Beispiel:**
>
> Ist etwa der Kollege in der Posteinlaufstelle vielleicht etwas langsamer, dafür um so gründlicher, hat der Schnellere kein Recht, seine Eigenschaften über die des anderen zu erheben und auf dessen Schwäche bei jeder sich bietenden Gelegenheit hinzuweisen. Dieser mag sich abgestoßen fühlen von einem, der nicht mit ebensolcher Dynamik seine Aufgaben versieht, es mag eine unbestimmte Angst dahinterstehen, selbst in den Strudel der Langsamkeit mitgerissen zu werden, ein Synonym für Erfolglosigkeit und Schwäche.

Die Distanz und Abgrenzung, die der eine wünscht, läßt sich aber nicht aufrechterhalten und bewerkstelligen durch Herabwürdigung. Im Kleinen wie im Großen bestimmt sich der Wert einer Gemeinschaft oder Gesellschaft, wie sie mit ihren schwächsten Mitgliedern umgeht.

Necke und schrecke niemanden mit falschen Nachrichten

Jeder Scherz und jedes Necken hat dort sein Ende, wo dem anderen Schaden oder Unmut zugefügt wird. Wer einen anderen auch nur für einen Augenblick in dem Glauben hält, daß eine ihn betreffende schlechte Nachricht Wahrheitsgehalt hätte, fügt dem anderen mutwilliges Leid und Schaden zu.

Sei das mit einer Bemerkung, er habe gehört, daß die bevorstehende Kündigungswelle den Betreffenden doch erreichen werde, sei es, daß angeblich das letzte Mißgeschick bei der Warenauslieferung, das demjenigen unterlaufen ist, bereits in der gesamten Firma die Runde gemacht hätte und darüber ungeniert gewitzelt würde.

Hinter solchem Verhalten steckt kleinliches Machtstreben, es zu genießen, wenn man über das innere Wohl des anderen bestimmen kann, daß dessen Laune – und sei es auch nur für kurze Zeit – davon beeinflußt wird.

Jemandem nur aufgrund eines Gerüchts auch eine selbst gutgemeinte Warnung zukommen zu lassen ist ein gewagtes Unterfangen. Auch wenn eine Begegnung von Antipathie gegeneinander geprägt ist, sind solche Bemerkungen nicht angebracht. Und sei es deshalb, daß ein Urheber solchen Unfugs niemals sicher sein kann, eines Tages nicht selbst Opfer einer derartigen Kampagne zu werden.

Sei diskret mit fremden und eigenen Belangen

Sich Probleme und Nöte aufmerksam anzuhören, ohne zu tief nachzuforschen, und zudem eigene Belange nicht jedermann zu berichten schafft eine zurückhaltende und ehrliche Atmosphäre, in der man am Wohl des anderen teilnimmt, ohne dem anderen zu nahe zu treten.

Ist es etwa einem Unternehmer bekannt, daß einer seiner Mitarbeiter gerade einen Schicksalsschlag zu überwinden hat, wird er ihn in seinem eigenen Interesse so lange schonen, bis dieser wieder mit voller Kraft einsatzfähig ist.

Es ginge jedoch zu weit, würde der Chef auch umgekehrt seine Angestellten in persönliche Belange einweihen. Aus einer falsch verstandenen Solidarität in diesen Momenten den Abstand zu seinen Mitarbeitern zu verlieren erschwert nicht nur die objektive Entscheidungsfähigkeit, auch kann diese Verhaltensweise rasch als mangelnde Autorität und Unsicherheit ausgelegt werden. Nur zu schnell macht ein Gerücht die Runde, daß der Chef Probleme hätte und allein damit nicht fertig würde.

Breite nicht aus, was dir jemand unter dem Siegel der Verschwiegenheit anvertraut

Die sicherste Methode, zu vermeiden, daß eine persönliche Angelegenheit weitererzählt wird, ist, selbst darüber zu schweigen. Nun ergibt es sich gelegentlich, daß man einem Freund eine Sache unter dem Siegel der Verschwiegenheit anvertraut. Anstatt die Angelegenheit für sich zu behalten, drängt es so manchen, das ihm Anvertraute publik zu machen.

Achtung: Sei es aus Geltungstrieb, sich mit einer geheimen Nachricht in den Mittelpunkt zu stellen, oder sei es einfach aus Vergnügen am Tratsch. Der Vertrauensbruch, der auf diese Weise entsteht, erschüttert nicht nur den Geschädigten, auch dem Schwätzer wird man schließlich nicht einmal mehr die belanglosesten Nachrichten zukommen lassen. Hingegen sollte gerade ein solcher Vertrauensbeweis den Ausersehenen motivieren, sich als Geheimnisträger würdig zu erweisen. Er erweist sich selbst und seinem Freund damit einen größeren Dienst, als mit unbedachtem Ausplaudern die Neugier anderer zu befriedigen.

Fasse dich in Geduld, wenn jemand etwas Langweiliges erzählt

In einer geselligen Runde wird so manche Geschichte zum besten gegeben, die man schon des öfteren gehört hat. Oder einer der Gesprächsteilnehmer führt seinen Standpunkt so langatmig aus, daß die Zuhörer unruhig auf die Pointe warten. Eine spannende

Geschichte langweilig zu erzählen ist ebenfalls eine unliebsame Methode, die Zuhörer auf die Probe zu stellen. Wöchentliche Arbeitsdiskussionen gehören mitunter zu diesen Geduldsproben. Sich gerade in einem solchen Umfeld nicht von Ressentiments leiten zu lassen wird die eigene Position festigen, ohne daß man sich leichtfertig Sympathien vergibt.

Der Person und dem Gesagten dennoch Interesse und Aufmerksamkeit entgegenzubringen weist den Zuhörer als geduldig und tolerant aus. Es spricht für ihn, wenn er es versteht, auch einer weniger unterhaltenden Situation etwas abzugewinnen.

Schau nicht dem Schreibenden oder Lesenden über die Schulter

Im Autobus in der Tageszeitung des Sitznachbarn die aktuellsten Meldungen mitzulesen oder sich selbst in das Buch zu vertiefen, in dem der Passagier auf dem Nebensitz so angeregt schmökert, übt oft, so scheint es, einen fast unwiderstehlichen Reiz aus.

Jemandem bei einer Tätigkeit, in die er vertieft ist, über die Schulter zu schauen läßt nicht nur auf ungehörige Neugier schließen, man wird sich auch zu Recht einen maßregelnden Blick zuziehen oder ein brüskes Abrücken auf sichere Distanz ernten.

Nimmt ein Verantwortlicher rücklings Einblick bei seinen Mitarbeitern, während sie eine Arbeit an ihrem Schreibtisch ausführen, stellt das eine erhebliche Störung dar, da er ungefragt und ohne Vorwarnung in ihren persönlichen Bereich eingedrungen ist. Die einzige Form, sich Auskunft über die gerade ausgeführte Tätigkeit bei einem anderen zu verschaffen, ohne sich dessen Mißbilligung zuzuziehen, ist um Erlaubnis zu ersuchen, ob man einen Blick auf die soeben durchgeführte Arbeit werfen dürfe.

Wichtig: Er wird durch das Vertrauen, das er durch sein zurückhaltendes Verhalten seinen Mitarbeitern gegenüber bekundet, mehr ins Vertrauen gezogen werden, als würde er gewaltsam natürliche Barrieren durchbrechen.

Hüte dich vor Verwechslung bei Titeln und Namen

Es heißt, das schönste Wort, das man jemandem sagen könne, sei dessen eigener Name. Diese Regel ausnützend, um Kundennähe zu suggerieren, übertreiben dies so manche Läden und Dienstleistungsbetriebe und lassen ihre Kunden von den Mitarbeitern immer und immer wieder bei deren Namen ansprechen. Dies wird bei weitem nicht mehr als Höflichkeit empfunden.

Der Kunde fühlt sich genarrt, wenn ihm ständig vorgesagt wird, wie er heißt. Noch prekärer, wenn dabei der Name fehlerhaft ausgesprochen oder ein falscher Titel verwendet wird. Es gilt heute als schick, Titel einfach zu ignorieren. Sind sie aber Bestandteil des Namens, wie das bei akademisch erworbenen Titeln der Fall ist, so läßt es auf Unbildung schließen, jemandem die korrekte Anrede zu unterschlagen.

Der Angesprochene hingegen sollte den Irrtum nicht einfach hinnehmen, sondern darauf aufmerksam machen. Namen falsch auszusprechen oder Titel zu unterschlagen wird immer als Achtlosigkeit und Desinteresse gewertet, man spürt, daß sich der andere nicht einmal der Mühe einer exakten Anrede unterzieht. Will man jemandem mit einem Grundmaß an Achtung entgegenkommen, so ist es ohne Zweifel erforderlich, ihn mit der richtigen Anrede anzusprechen. Es ist wenig Aufwand, mit dem sofort für ein gutes Gesprächsklima gesorgt wird.

Achte den abwesenden Dritten

Was immer bei einer Unterredung zur Sprache kommt, sollte nichts beinhalten, das man nicht auch in Anwesenheit desjenigen aufs Tapet bringen würde, der gerade Gegenstand der Unterhaltung ist.

In manchen Gruppen gibt es eine unausgesprochene Regel, daß derjenige, der gerade gegangen ist, als nächster für den Gesprächsstoff der in der Runde der Verbliebenen sorgen wird. Die

Kollegen, die oft jede freie Minute gemeinsam verbringen und über die persönlichsten Details der anderen Bescheid wissen, stellen in diesen Kreisen – aus Neugier, Sensationslust oder um nicht selbst zum Thema zu werden – unausweichlich denjenigen in den Mittelpunkt des Gesprächs, der gerade nicht anwesend ist.

Erfolgs-Tip:

Absolut integer ist ein Gespräch vor allem dann, wenn über Nichtanwesende respektvoll geschwiegen wird.

Unterhalte dich so leise, daß du niemanden störst

Selbst neugierige Menschen möchten sich aussuchen, welche Inhalte sie zu belauschen geruhen, und nicht durch lautstarkes Palaver zwangsläufig zu Mitwissern gemacht werden. Gerade wenn viele Menschen auf engem Raum zusammen sind, wie das in öffentlichen Verkehrsmitteln der Fall ist, bedarf es besonderer Zurückhaltung des Stimmvolumens. Es stellt für andere Anwesende eine grobe Belästigung dar, einem Gespräch folgen zu müssen, an dem sie weder als Zuhörer noch als aktiver Gesprächspartner teilhaben.

Gezwungenermaßen zum Mithörer zu werden beschränkt den Freiraum des anderen, der mit seinen Gedanken ganz woanders ist oder einfach Ruhe um sich haben möchte. Die Stimme zu dämpfen zeigt nicht nur Rücksichtnahme, sondern ebenso Selbstrespekt, soviel Anstand zu besitzen, mit seinen eigenen Angelegenheiten diskret umzugehen und sie nicht wahllos an jedermanns Ohren zu verteilen. In besonderem Maß gilt dies für Angestellte, die sich im Verkaufsraum bewegen und die ihre Gespräche untereinander mit großer Lautstärke führen, gerade so, als ob der Kunde nicht einmal anwesend wäre.

Mache auf deine Anwesenheit aufmerksam

Wird man unfreiwillig Zeuge von einem Gespräch, das zwei Personen miteinander führen, tritt man entweder sogleich den Rückzug an, noch bevor man etwas erlauscht hat, oder man macht auf seine Anwesenheit aufmerksam. Denn es bringt keinen Nutzen, etwas zu hören, das nicht für einen bestimmt ist. Wenn zwei Kolleginnen ständig zusammenstecken und miteinander tuscheln, handelt es sich zumeist um den Austausch privater Banalitäten, kaum erfährt man dabei wichtige Informationen.

Aus Neugier Erlauschtes kann einem sogar Dinge zu Gehör bringen, die einen in Aufruhr versetzen, man zieht daraus voreilig Schlüsse, kann aber mit niemandem darüber sprechen, da man als unbefugter Zuhörer offiziell unwissend bleiben muß. Auch kann man keinen der Gesprächspersonen mit seinem in unerlaubter Weise erworbenen Wissen konfrontieren, da man als Lauscher ins Hintertreffen gelänge. Man würde sich des Unfriedenstiftens schuldig machen, einem nicht unmittelbar Anwesenden die über ihn erfahrenen Belange zur Kenntnis zu bringen und den einen gegen den anderen aufgehetzt zu haben.

Wer nicht fürchtet, verborgene Untiefen seiner Persönlichkeit könnten entdeckt werden, oder ein schlechtes Gewissen hat, hat es nicht nötig, sich in die Schlüssellochperspektive zu begeben. Er wird aufnehmen, was immer an ihn persönlich herangetragen wird, ohne sich über halbe Wahrheiten den Kopf zu zerbrechen, und sich vor allem davon leiten lassen, wie seine Umgebung sich ihm und den anderen gegenüber verhält.

Zeige deine Zuneigung nicht in aller Öffentlichkeit

Zu viel private Seligkeit könnte andere in Verlegenheit bringen, unglücklich oder neidisch machen. Der Arbeitsplatz ist für viele Singles ein geeigneter Ort, sich nach einem Partner umzusehen. Sobald sich eine nähere Verbindung ergeben hat, ist es für die beiden oft unwiderstehlich, ihre Zuneigung auch vor den Kollegen ungeniert zu zeigen. Niemand wird an der maßvollen Vertrautheit, die sich ein Paar gegenseitig entgegenbringt, Anstoß nehmen.

Wichtig: Für das eigene Ansehen und um den Ruf der fachlichen Kompetenz nicht zu schädigen, ist es jedoch zuträglicher, vor Kollegen nicht allzu offen sein Glück zur Schau zu stellen. Dies weckt unnötigen Neid und Mißgunst und verletzt andere, die sich in einer tristeren Lage befinden. Die Umgebung jedoch an der Freude über die neu gewonnene Zweisamkeit zurückhaltend teilhaben zu lassen wird wohl von keinem verübelt werden.

Mißachte nicht die Privatheit deiner Beziehung

Wie wunderbar ist es, mit einem geliebten Menschen etwas sehr Privates zu teilen, hinter verschlossenen Türen Intimität zu erleben. Ein Geheimnis zu besitzen, das nur die beiden angeht, die es miteinander teilen. Eben die Sprache der Liebe, die extra und nur dafür geschaffen ist. Schamhaftigkeit zu bewahren, ohne in Prüderie zu verfallen, heißt den persönlichen Schatz zu hüten, zu pflegen und zu bewahren.

Den Gegenstand des privaten Zusammenseins öffentlich zu machen heißt aber, ihn seiner Magie zu berauben. Sobald etwas Privates von allen und mit allen geteilt wird, wird es zum beliebigen Gemeingut, das letztlich bedeutungslos wird, belanglos und uninteressant.

Ergötze dich nicht an Effekthaschereien und reißerischen Geschichten

Wo Leid aufbereitet wird, um Sensationslust zu stillen, wird mit dem Schicksal anderer Schindluder getrieben. Interesse am Leben anderer zu haben und Anteil an deren Schicksal zu nehmen sind wertvolle Eigenschaften, die dem Miteinander seine menschliche Qualität verleihen. Anzuhören oder anzusehen, was anderen an

Schönem wie Schrecklichem widerfahren ist, mitzufühlen und daraus zu lernen sind in der zwischenmenschlichen Beziehung wesentliche Teile des gegenseitigen Austauschens.

Anders verhält es sich jedoch, wenn man haarsträubende Geschichten über Menschen in Extremsituationen aufsaugen will, wie sie über die Medien zugetragen werden. Die übertriebene Selbstoffenbarung, wie sie uns in Talk-Shows begegnet, scheint eine Reaktion auf den Vertrauensverlust zu sein, für Probleme und Krisen selbst Lösungen finden zu können und private Konflikte auf diskrete und private Art zu bereinigen.

Achtung: Wer die Schamgrenze des anderen passiv oder aktiv verletzt, macht diesen zur Sache, zum voyeuristischen Objekt. Triebfeder für solches Verhalten ist gesellschaftsweit vielleicht gerade der Mangel an echter privater Nähe, an Vertrauten, denen man sich getrost mitteilen kann, und am fehlenden Austausch mit Gleichgesinnten und Leidensgenossen.

Albere nicht über religiöse Dinge

Zu den Tabu-Themen der heutigen Zeit zählt nicht gottlose Lebensführung, sondern der religiöse Glaube, der als unzeitgemäß angesehen wird, als etwas für Eiferer und Schwache. Die religiöse Überzeugung eines anderen belächeln kann indes nur, der nicht achten will, daß der Gläubige aus seiner Überzeugung eine Kraft und Sicherheit für seine Lebensführung beziehen kann, die ihn frei und unabhängig macht.

Erfolgs-Tip:

Diskussionen über Religion und Glauben wird der Verständige dazu benutzen, um Demut, Interesse und Respekt für die wichtigsten Angelegenheiten des Menschen zu zeigen, ohne je in den Ton eines Fanatikers zu fallen.

Strategeme der »Politeness«

4

1. »Professional Politeness« als beste Selbstverteidigung gegen unbeherrschte Menschen

Wir verstehen unter den »Strategemen der Politeness« bewußt eingesetzte Verhaltensweisen, die entwickelt wurden, um den Umgang miteinander auf eine möglichst hohe Ebene menschlicher Qualität zu befördern. Es ist eine Kunst, die nicht allein erlernt werden kann. Die Strategeme der Politeness zwingen zur Kooperation, denn das Erlernen der Elemente und der Prinzipien ist nur möglich, wenn mindestens zwei Menschen an der Interaktion beteiligt sind.

Ziel ist es, eine Intention zu verwirklichen. Eine Vorstellung, die in uns selbst und im anderen eine bestimmte innere Geschichte auslöst, die zur Einsicht führt, daß es besser ist, den anderen niemals in seinen Gefühlen zu verletzen. Es geht um die Schaffung einer unsichtbaren Welt. Das Unsichtbare dieser Welt sind die Werte und Qualitäten, die erst entstehen können, wenn Menschen einander begegnen. Werte wie Achtung, Unvoreingenommenheit, Respekt, Zuneigung, Offenheit, Klarheit, Ehrlichkeit oder Würde sind alleine nicht erreichbar. Nur durch den Umgang miteinander entstehen sie. All diese Werte kommen, wenn sie der Welt der »Politeness« angehören, ohne Aggression aus, ohne die Abwertung des anderen und ohne Selbsterniedrigung.

Ursprünglich wurden die klassischen Strategeme in der chinesischen Kriegskunst entwickelt. Erst die Autoren, die das Wissen der Krieger in den gesellschaftlichen Umgang des zivilen Lebens übertrugen, fanden in den klassischen Strategemen der Chinesen eine große Zahl an Anwendungen, mit denen das Wohl des anderen befördert werden konnte.

Ein spezieller Aspekt der chinesischen Strategeme ist deren Einsatz durch gute Menschen, die sich scheinbar in einer schwächeren Position befinden als ein Angreifer oder ein übermächtiger Gegner. Die Taipeher Ausgabe der chinesischen Strategeme definiert dies klar: »Wenn ein solcher Mensch seine Ziele überhaupt erreichen können will, dann kann er dies nur durch Strategeme erreichen.«

Was genau sind nun Strategeme, und warum ist ihr Wirken universell anwendbar?

Die Taipeher Ausgabe bemerkt dazu: »Die Strategeme gleichen unsichtbaren Anleitungen, die im Gehirn verborgen sind und erst aufblitzen, wenn sie gebraucht werden.« Darauf bauen alle Verhaltensweisen auf, die unter dem Prinzip der Strategeme wirksam werden. Das Verhalten der Menschen wird durch »Anleitungen im Kopf« gesteuert, die kulturell verbreitet sind und die individuell eingesetzt und interpretiert werden.

Christian Mikunda, der Wirtschafts- und Mediendramaturg, nennt diese Prinzipien: »Brain Scripts«. Anleitungen für Verhaltensweisen, die wir im Kopf tragen und auf die wir zugreifen, wenn wir uns in einer bestimmten Situation nach einem bekannten Muster verhalten wollen. »Brain Scripts«, so Mikunda: »sind dafür verantwortlich, daß man bei einer Geschichte versteht, was eigentlich gespielt wird. Es sind erlernte Handlungsmuster, die von Signalen aufgerufen werden und aus beziehungslos nebeneinanderstehenden Informationen in unserem Kopf eine sinnvolle Handlung zusammenkonstruieren.«

Im gesellschaftlichen Umgang entwickelten die asiatischen Völker einige faszinierende Varianten, die Kunst der Strategeme zu nutzen. Hochentwickelte Kommunikationsformen in Europa haben ähnliches erreicht. Wir haben nun in Vergleichen der asiatischen und der europäischen Umgangsformen einige zentrale Verhaltensweisen herausdestilliert, die wir hier vorstellen wollen. Dabei fühlen wir uns, wie bereits eingangs erwähnt, den philosophischen Grundlagen des Aikido am meisten verpflichtet. Wir erinnern, daß die Meister des Aikido von einem »Gleichgewicht des Schreckens«

sprechen, wenn Menschen einander begegnen, die schlechte Gedanken voneinander hegen. Die Strategeme des Aikido und der »Politeness« sind angelegt, um dieses Gleichgewicht in ein bewegliches Miteinander zu verwandeln.

Wir werden dafür innerhalb der Strategeme die vier stärksten Auslösemechanismen aufzeigen, die zu einem Gleichgewicht des Schreckens führen. Es sind dies die Mechanismen der Unterdrückung, der Aufdringlichkeit, der Schuldzuweisung und der Ignoranz.

Die Strategeme, die als Gegenmittel dafür eingesetzt werden können, sind die

- Strategeme der Entwaffnung für die Überwindung einseitiger Unterdrückung

- Strategeme der Zurückhaltung für den Rückzug aus der Aufdringlichkeit

- Strategeme der Geheimhaltung für den Ausbruch aus der Schuldzuweisung

- und die Strategeme der Führung zur Überwindung der Ignoranz

»Professional Politeness« beginnt mit der Selbstverpflichtung, die schlechten Gedanken loszulassen, die man über einen anderen hegt. Die Freiheit, die darin liegt, ist das Bewußtsein, daß man in jedem schwierigen Moment des Lebens wachsen kann und einen Zuwachs an »innerer Kraft« erreicht.

Dieser Gewinn an »innerer Substanz« genügt, um jeden unbeherrschten und aggressiven Menschen führen und verändern zu können, lange bevor es zu einer aggressiven oder entwürdigenden Auseinandersetzung kommt. Ganz gleich, welche Reaktion der andere zeigt, ganz gleich, ob er in guter oder schlechter Laune uns begegnet, wir haben die Freiheit, uns selbst treu zu bleiben und eine menschenwürdige Stimmung in uns zu erhalten. Wir bleiben frei von äußeren Einflüssen, die uns hinunterziehen wollen. Wir bestimmen den Weg.

Es ist dies ein Weg des »Führens durch Ergänzung«, wie es das Aikido lehrt. Alle Techniken sind rein defensiv und basieren auf den Gesetzen der natürlichen Harmonie. Sie sind von Wohlwollen und von praktizierter Menschlichkeit durchdrungen. Folgerichtig wird im »Professional Politeness« jede Form des Kampfes abgelehnt. Kommt es zu einem unausweichlichen Verteidigungsfall, werden die gegensätzlichen Kräfte aufgegriffen, umgelenkt und zu einem gemeinsamen Ziel vereinigt. Der Gedanke dahinter lautet: »Jede Kraft, die mir entgegenkommt, ist eine Kraft, die ich in eine Richtung lenken kann, die für uns beide gut ist.«

Wichtig: Es gibt keine Abkürzung für die Erreichung dieser Technik. Die Beherrschung der inneren Einstellung ist die Basis dieser Verhaltensweisen. Man muß seine innere Einstellung mit seinem körperlichen Handeln in Einklang bringen. Die Achtsamkeit, Herzlichkeit und Gelassenheit im körperlichen Agieren sind unabdingbare Voraussetzung. Man muß seinen Körper beherrschen, um die innere Stabilität und Sicherheit zu besitzen, die jeder Anforderung standhält.

An den Regeln des Freiherrn von Knigge konnten wir erproben, wie wir auf andere Menschen wirken und welche Reaktionen wir in ihnen auslösen. Wir können nun die ganze Verantwortung für unser Verhalten entfalten. Darauf aufbauend können nun die Strategeme der »Politeness« wirksam werden.

Die Strategeme der »Politeness« sind die Basis des wirklichen Erfolgs in Gesellschaft, Öffentlichkeit und im Privaten. Der Erfolg entsteht wie von selbst, wenn man die Selbstdisziplin aufrechterhält, seine Intention des Wohlwollens konstant zu erhalten. Die Intention, daß es gut ist, wenn es uns gutgeht, und daß es gut ist, wenn es anderen gutgeht. Es ist das Prinzip des Erfolges, der erfolgt. Man agiert aus bestem Wissen und Gewissen heraus. Man folgt der Intention, aber man will keine Wirkung erzwingen. Man überläßt die Wirkung sich selbst. Man freut sich, wenn sie erscheint, zugleich bleibt man unbeirrt in seinem Tun, wenn sie nicht eintritt.

Erfolgs-Tip:

Das Geheimnis ist die Strahlkraft der eigenen Persönlichkeit, der man vertrauen kann. Die äußere Form des Umgangs wird zum Prüfstein des eigenen Charakters. Es ist ein Erfolg, der nicht erzwungen wird, sondern erwartet, nicht aus kleiner Eitelkeit und Borniertheit heraus angestrebt wird, sondern aus der ruhigen Gewißheit, daß der Weg, den man eingeschlagen hat, gut und richtig ist. Denken Sie daran: »Wir haben beständig die Chance, das Leben zu verschönern – uns und allen anderen.«

2. Strategeme der Entwaffnung

Strategeme der Entwaffnung dienen der Überwindung einseitiger Machtausübung. Als Macht gilt hier der Versuch, eine Entscheidung bewußt gegen unseren Willen durchzusetzen. Schmerzhaft und entwürdigend wird dies, wenn dieses Unterfangen in Verbindung mit Emotionen auftritt, die sich gegen unsere Würde und unser Wertgefühl richten. Dann wird es zu einem energetischen Moment, dem wir ein Strategem entgegenhalten können. Es ist die negativ gegen uns gerichtete Emotion, der wir entgegentreten können, wenn wir uns in der Verteidigungskunst der »Politeness« kundig gemacht haben. Denn die Verteidigung erfolgt nicht gegen das rationale Argument, das vorgetragen wird. Es nimmt die Energie auf, die aus der Emotion kommt, und wandelt diese Energie in etwas um, das einem Gefühl der Würde und der Achtung entspricht.

Um dies in allen vier vorgestellten Strategemen tun zu können, muß man beständig sein Einfühlungsvermögen und sein Gefühl für Stimmigkeit einsetzen, um die energetischen Wandlungen wahrzunehmen. Die Intention ist, die entwürdigende und herabmindernde Energie des anderen auf ein anderes Niveau zu heben, auf dem sich auch der andere besser fühlt und den emotionalen Angriff »von selbst« umkehrt in ein der Gemeinsamkeit förderliches Verhalten.

Wichtig: Will uns ein anderer unter seine Gewalt zwingen, will er uns demütigen oder herabsetzen, gilt es, den Ursprung seines Unterfangens zu erkennen. Dabei kümmert es uns nicht so sehr, ob es Zorn, Mißachtung, Unzufriedenheit, Verletztheit oder Angst ist, die aus ihm hervorströmt. Wir wollen ihn nicht psychologisieren und kategorisieren in seinem Verhalten. Wir wollen uns nicht einlassen auf die Energien, die er verströmt. Wir halten uns vielmehr vollkommen davon frei. Wir spüren nur seinen Angriff und lassen ihn nicht zu. Darin liegt alle Kunst des Strategems.

Für die Reaktion wiederum sind wir mit einem einfachen Werkzeug ausgestattet: unseren Augen, unseren Händen, unseren Bewegungen und unseren Worten.

Strategem 1: Dem Pfeil seine Spitze nehmen

Das erste Strategem nimmt dem Angriff seine Schärfe und wandelt die Attacke in eine Situation, die für den Angreifer und uns selbst ohne negative Auswirkungen bleibt. Werden wir beleidigt, entwürdigt oder herabgesetzt, ist die große Gefahr, in die wir in solchen Momenten geraten, nicht die Gefahr, daß einem von anderen Schmerz und Entwürdigung widerfährt. Es ist die Gefahr, daß wir uns auf das Niveau des anderen begeben und in die gleiche Giftküche greifen, deren Pfeile wir soeben ausgesetzt waren.

Das asiatische Prinzip, das hier dahintersteht lautet: Einer Giftschlange, die uns gebissen hat, hinterherzujagen, treibt das Gift nur schneller durch unseren Körper.

Dag Hammarskjold, der frühere Generalsekretär der Vereinten Nationen, verdichtete dieses Prinzip der Entwaffnung auf eine wunderbare Aussage: »Man kann nicht mit dem Tier in unserem Inneren spielen, ohne ganz dieses Tier zu werden. Man kann nicht mit Falschheit spielen, ohne sein Recht auf Wahrheit zu verwirken. Man kann nicht mit Grausamkeit spielen, ohne seine Feinfühligkeit des Geistes zu verlieren.«

Es gilt der Versuchung zu widerstehen, der Giftschlange nachzujagen und in unserem Inneren ein Beet für Unkraut zu reservieren. Das Gift der Giftschlange und das Unkraut in Nachbars Garten sind beide nicht das Problem, das wir haben. Nur wenn wir uns beißen lassen und das Unkraut groß werden lassen in uns selbst, wird es zu unserem Problem.

Dem Pfeil seine Spitze nehmen heißt, das Gift der Emotion nicht wirksam werden zu lassen. Wenn der Haß, die Wut, der Zorn, die Mißachtung oder die Herabwürdigung nicht greifen, hat der Pfeil des Angriffs seine Schärfe verloren. Es ist das Ziel jedes emotionalen Angriffs, dem anderen Schmerz zu bereiten. Denn offensichtlich genügt dem Angreifer nicht die Kraft eines neutral gehaltenen Arguments. Er glaubt nicht an die Gerechtigkeit, die aus seinem Argument spricht. Also versetzt er sich in eine Stimmung von Überheblichkeit, Hinterhältigkeit, Wut, Zorn oder Mißachtung, um sein Argument mit einer scharfen Spitze zu versehen. Aus dieser Stimmung heraus schießt er den Pfeil ab und hofft, daß er trifft. Bleibt beim anderen die Reaktion allerdings aus, so hat er nichts von dem erreicht, das er erreichen wollte. Die Wut oder die Entwürdigung haben den Körper und den Geist des anderen nicht berührt. Der Pfeil hat sein Ziel nicht erreicht, seine Spitze ist unwirksam.

Die Spitze und ihr Gift wirken unterdessen im Angreifer weiter. Er hat sich in die Stimmung der Wut oder der Entwürdigung versetzen müssen, um seinen Giftpfeil abschießen zu können – und er hat sich mit Sicherheit von dieser Stimmung noch nicht befreien können, um für die Antwort bereit zu sein.

Erfolgs-Tip:

»Professional Politeness« nimmt nun diese Stimmung nicht im geringsten auf. Sie dreht nicht den Spieß um, um das Gift dem Absender zurückzusenden. Sie hält den Pfeil bei sich und nimmt das Holz des Pfeiles, um über die gesandte Botschaft eine Aussage zu treffen. Der würdevolle Abstand zur negativen Energie des Angriffs bleibt gewahrt. Auch in der Verteidigung kann einen das Gift des Angriffs nicht verderben.

Auf einer intellektuellen Ebene sind Berufspolitiker oft Meister dieses Fachs. Leider gelingt es ihnen selten, die körperliche und seelische Haltung der Herzlichkeit dabei aufrechtzuerhalten. Sie haben zwar einen inneren Abstand zu den Schlägen, Diffamierungen und Beleidigungen, denen sie täglich ausgesetzt sind durch Konkurrenten, Presse und Kollegen. Zugleich haben sie sich nur selten die Weichheit und Elastizität des Herzens erhalten, die durch nichts zu ersetzen ist, wenn man seine Strahlkraft behalten will. Der Abstand, den sie erreichen, ist fast immer ein Abstand des Intellekts. Es ist der Kopf, der weiß, daß man verliert, wenn man der negativen Energie eines anderen nachgibt. »Wer als erster reagiert, hat verloren,« lautet ihr Prinzip. Doch nur selten berühren sie damit die Herzen ihrer Wähler. Ihre Beobachter spüren zweifelsfrei, ob sie die Kopfneigung ihres Herzens bewahren können, ob noch immer die Stimme des Herzens spricht, wenn sie antworten, oder ob sie den Kopf überheben müssen, um nicht getroffen zu werden, und in den Zwischentönen ins Reich des Zynismus abgleiten.

Wichtig: Nur die wenigsten verfügen über eine wirkliche Übung, die innere Kraft und Stärke aufrechterhalten zu können, den Körper von den Kreisläufen des Zynismus frei zu halten und nie aus der Kontrolle des Tempos zu fallen und dabei stets aufrecht zu bleiben. Unsere Freiheit hängt von diesem Abstand ab, den wir zwischen dem emotionalen Stimulus und unserer Reaktion legen können. Gelingt es dem anderen, in uns einen Knopf zu drücken, der uns hochfahren läßt, ärgerlich werden läßt oder in uns das Gefühl der Entwürdigung oder das Gefühl der Mißachtung zurückläßt? Oder haben wir unsere Reaktionen unter der größtmöglichen Kontrolle? Sind wir tatsächlich frei?

Strategem 2: Den Angreifer ins Nichts hinaufheben

Das zweite Strategem baut auf der Fähigkeit und Intention des ersten Strategems auf. Es fügt diesem jedoch eine zusätzliche Dimension hinzu. Es stellt den Angreifer auf eine Ebene, von der aus er kaum noch die Chance hat, die Strategie der vergifteten Stimmung weiter zu betreiben. Dahinter liegt das Prinzip, daß wir nicht gegen unsere eigene Würde angreifen und losschlagen können. Einen Angreifer ins »Nichts« hinaufzuheben bedeutet, ihn vor einen Spiegel zu stellen, in dem er nichts anderes erkennen kann als sich selbst.

Es ist dies die Methode, die Sokrates in meisterlicher Weise beherrschte. Sein »Erkenne dich selbst« war – im Gegensatz zur modernen Anschauung – nicht im geringsten darauf aus, das Individuelle im Menschen erkennen zu sollen. Das Selbst ist der »allem innewohnende Geist«, den Sokrates seinen »Daimon« nannte, womit in der christlichen Tradition am ehesten noch der Begriff des Gewissens übereinstimmt.

Daß Platon, der erste Schüler von Sokrates, die Lehren seines Meisters oftmals auf den Umgang der Menschen untereinander übertrug, lag nicht zuletzt daran, daß Platon aus dem athenischen Adel stammte, jenem Adel, für dessen Lebensgefühl die geistige und körperliche Beweglichkeit von größter Bedeutung war. Die Anmut in der Bewegung, die Höflichkeit und die Verständnisbereitschaft waren die zentralen Werte, auf denen die athenische Kultur und ihre Demokratie aufbaute.

Der Daimon, den Sokrates einmahnte, veränderte die gesamte Ideengeschichte. Vor diesem Daimon – vor diesem Gewissen – mußte man bestehen, wenn man sich selbst erkennen wollte. Die Fähigkeit zur Selbstreflexion jedes Menschen beruht auf der Fähigkeit, sich vor seinem eigenen Gewissen verantworten zu können. Wer vor dieser Instanz landet, hat nichts außer ihr, nichts, das zu urteilen ermächtigt wäre, als die eigene Person, die bestehen muß vor dem eigenen Gewissen.

Dies ist – und darauf muß mit großem Nachdruck hingewiesen werden – durchaus das Gegenteil, als jemanden in ein Schuldgefühl zu treiben. Zur Abwehr der perfiden Methoden der Schuldzuweisung nehmen wir weiter unten in den Strategemen der Geheimhaltung Stellung.

Im Strategem, einen Angreifer ins Nichts hinaufzuheben, geht es darum, sich selbst so weit zurückzunehmen, daß dem anderen nur der Blick auf sich selbst bleibt. Er soll sich dabei möglichst dem Besten gegenüberfinden, das in ihm vorhanden ist. Das Gewissen oder besser der Daimon im Inneren ist nicht die Ansammlung der Verfehlungen, die man begangen hat, sondern der Spiegel, in dem man die eigene Größe erkennen kann und die eigene Chance auf Vollkommenheit.

Wichtig: Der Daimon – oder das Gewissen – ist also ein Spiegel des Erkennens. Wer in ihn sieht, erkennt, woran es noch liegt, daß man sein eigenes Bild nicht in vollkommener Größe wahrnehmen kann.

Wird man nun von jemandem angegriffen, entwürdigt, verurteilt, gedemütigt oder beleidigt, so antwortet man mit der inneren Haltung, die aus dem ersten Strategem erwächst. Man wahrt den Abstand von Stimulus und Reaktion. Man hält sich frei aller negativer Reaktionen und bewahrt Gelassenheit und Herzlichkeit.

Aus dieser Stimmung heraus – und vollkommen frei allen Zynismus – sagt man über den anderen nur Gutes und Wertvolles aus.

Man reagiert nicht im mindesten auf die Inhalte des Angriffs, sondern spricht vielmehr davon, wie sehr man den Versuch des anderen zu würdigen wisse, dieses oder jenes Thema aufgegriffen zu haben. Man nimmt jedes auch noch so geringe Argument auf, das im Angriff des anderen gelegen hat und gibt diesem Argument mit großer Achtsamkeit möglichst viel Platz in seiner Ausführung.

Dieses Strategem kehrt sich augenblicklich gegen den, der es sich dienstbar macht, wenn der kleinste Zwischenton des Zynismus oder der Mißachtung sich einschleicht. Beherrscht man jedoch die Regungen seines Herzens, seines Intellekts und seines Charakters, ist die Aussage, die das Argument des anderen würdigt, achtet und schätzt, von unwiderstehlicher Kraft, die den anderen dazu bringt, sich vor sich selbst gestellt zu sehen, ohne dabei im geringsten mit einem Gefühl der Beschuldigung, der Zurückweisung, der Aggression oder des Schmerzes in irgendeiner Art sich konfrontiert zu fühlen. Es bleibt nichts, als das eigene Argument und die Würde und Achtung, in die dieses Argument gebettet ist. Es bleibt nichts, gegen das man aggressiv sein könnte.

Achtung: Einzig und allein die körperliche und seelische Gestimmtheit läuft im Inneren des Angreifers mit großer Wahrscheinlichkeit noch immer weiter. Deshalb darf man auch nicht erwarten, daß es dem Angreifer sofort gelingt, sich aus dieser Stimmung zu befreien. Es wird mit großer Sicherheit sogar sein, daß er das folgende Argument aus der gleichen Stimmung heraus wieder hervorbringt. Selbst die Argumente drei, vier und fünf werden sich nur schwer von der Stimmung lösen können, in die sich der Angreifer versetzt hat.

Die Reaktion, die er auf seine Angriffe erhält, sollte sich deshalb nie ändern. Auf jeden Angriff erfolgt die gleiche stilvolle Antwort. In Herzlichkeit und Gelassenheit gebettet erhält er seine Argumente zurück, die in Würde und Achtung gekleidet bleiben.

Hat der Angreifer nicht alles Gefühl für seinen innewohnenden Geist verloren, so kommt er unweigerlich zur Einsicht, daß er aus dem Wissen dieser inneren Instanz heraus erkennt, daß er nur sich selbst gegenüber verantwortlich ist, wie er seine eigenen Reaktionen wählt und bestimmt.

Jener, der sich dem Strategem des Hinaufhebens in das Nichts verschrieben hat, darf seine Einstellung und seine Haltung auch nicht ändern, selbst wenn der andere – um den äußersten aller Fälle zu zitieren – Jahre oder Jahrzehnte brauchen sollte, um zu dieser Einsicht zu kommen. Wer innerlich zutiefst verletzt worden ist, kann oftmals nur schwer ausbrechen aus den Gewohnheiten seines Verhaltens.

Läßt man ihn jedoch mit seiner Gestimmtheit im Nichts allein und gibt ihm dabei von außen alle Hochachtung und allen Respekt, zu dem man fähig ist, wird die Aussicht auf Heilung seiner inneren Wunden um ein Vielfaches größer, und die Wahrscheinlichkeit, mit ihm eines Tages auf würdevoller und achtsamer Ebene kommunizieren zu können, ist fast garantiert.

Erfolgs-Tip:

Wer sich selbst in seiner eigenen Würde gegenübersteht, kann nicht davonlaufen. Es bleibt ihm nur das eigene Selbst – und sonst nichts.

Strategem 3: Dürre Bäume mit künstlichen Blüten schmücken

Das Strategem Nummer drei baut auf dem ersten und dem zweiten Strategem auf und erweitert es um eine dritte Person. Die Intention ist, zwei Menschen zusammenzubringen, die von kleinen Gehässigkeiten und Blindheiten voneinander getrennt wurden. Es geht also darum, nicht einen Angriff auf einen selbst abzuwehren, sondern einen permanenten Kleinkrieg zwischen Menschen zu beenden, die irgendwie zu vergessen haben scheinen, warum sie überhaupt je zu streiten begonnen haben.

Das chinesische Stratagem dazu lautet: »Dürre Bäume mit künstlichen Blüten schmücken.« Es ist dies ein sehr treffendes Bild, um das Stratagem zu beschreiben. Wenn zwei Menschen über viele Tage, Monate oder sogar Jahre hinweg ihre positiven, erfreulichen und förderlichen Emotionen vor dem anderen zurückgehalten haben, sind sie gleich Bäumen, die vertrocknet sind. Es ist an der Zeit, neues Leben in die trockenen Äste einzuhauchen.

Da es den beiden offensichtlich nicht mehr selbst gelingen kann, kann ein Dritter sich daranmachen, sanfte Wiederbelebungsversuche zu unternehmen. Die Blüten sind die guten Eigenschaften des jeweils anderen, die seitens der beiden Kontrahenten nicht mehr erkannt werden können. Künstlich sind diese Blüten, insofern sie von einem Dritten »erzeugt« werden müssen, um sie an den dürren Ästen der Kontrahenten festmachen zu können.

Es ist nur natürlich, daß man den Blick für die guten Seiten eines Menschen verliert, wenn man seine innere Stimmung so eingestellt hat, daß man alle erfreulichen Gefühle absterben hat lassen, die man gegenüber einem anderen aufbringen kann.

Wenn ein Dritter nun beginnt, diese Blüten des Guten langsam wieder zu erwecken, so kommen sie in die Aufmerksamkeit der beiden Kontrahenten zurück. Dies ist aber nur mit Hilfe eines Stratagems möglich, denn die direkte Aussage über das Gute des anderen würde sofort abgeblockt werden. Deshalb gilt es, den Blickwinkel zu verändern, den die beiden aufeinander und füreinander haben.

Man erzählt die besten Dinge, deren man sich erinnern kann, die der eine jeweils vom anderen gesagt hat. Dabei bedient man sich selbst des bestmöglichen Blickwinkels, von dem aus man die Aussagen interpretieren kann, die von den beiden jeweils übereinander gesagt worden sind.

Wenn man hier ein feines Gehör entwickelt hat, gibt es selbst unter den schärfsten Anschuldigungen und den größten Vorwürfen noch Anzeichen von menschlicher Achtung und Würde, von

Offenheit und Zuversicht. Und wenn es nur ein einziges Prozent ist, das übriggeblieben ist, nimmt man dieses eine Prozent wahr und nimmt es auf. Man spricht aus diesen rudimentären Ansätzen des Guten heraus zum einen jeweils vom anderen.

Wichtig: Es entspricht vielleicht nur einer künstlich erzeugten Blüte, um den Frühling ins Land zu holen. Doch diese Blüten haben einzig den Zweck, jene Qualitäten hervorzuholen, die durch die lange anhaltende Dürre des menschlichen Miteinanders verschüttet worden waren.

Man kann darüber sprechen, daß man beim jeweils anderen sehr wohl Anzeichen der Achtung und des Respektes erkannt habe, die jener über den jeweils anderen ausgedrückt habe, daß dieser auf gewisse Art und Weise gesagt habe, daß er eigentlich Respekt und Achtung vor dem anderen haben würde, daß er aber nicht mehr wisse, wie er den anderen noch erreichen könne.

Es ist die unüberwindbare Kraft des Gewissens, die auch hier zur Wirkung kommt. Und gleich dem zweiten Strategem der »Politeness« darf man auch hier seinen eingeschlagenen Weg nicht verlassen. Auch hier darf man nicht erwarten, daß die beiden Kontrahenten ihre körperliche und seelische Gestimmtheit rasch und mühelos aufgeben können.

Erfolgs-Tip:

Auch im Strategem der dürren Bäume, die mit künstlichen Blüten geschmückt werden, ist es mit großer Sicherheit so, daß man seine eigene Herzlichkeit und Gelassenheit über lange Zeit wirksam sein lassen muß. Haben die beiden nicht bereits die allerletzten Karten ausgegeben und alle Tore zugeworfen, so kommen auch sie eines Tages zur Einsicht, daß die eigene Sturheit vor der inneren Instanz nicht mehr bestehen kann. Beständigkeit und herzliches Bemühen sind die Elemente, die dem Strategem zu seiner Wirkung verhelfen.

Strategem 4: Mit feiner Klinge widersprechen

Wenn wir hier das vierte und abschließende Strategem der Entwaffnung vorstellen, muß angemerkt werden, daß wir keine Vollständigkeit erreichen wollten durch die Auswahl dieser vier Strategeme, denen sich gewiß zehn oder 15 weitere anschließen ließen. Exemplarisch decken sie jedoch die wichtigsten Bereiche ab, die unter den Strategemen der Entwaffnung auffindbar sind. Das erste, das sich der Selbstkontrolle widmet, das zweite, das sich auf den Umgang mit einer einzelnen Person bezieht, das dritte, das Verantwortung übernimmt für das Miteinander von Menschen in seiner Umgebung. Und nun zuletzt das vierte, das darauf abzielt, in den Augen eines anwesenden Dritten nicht diffamiert zu werden. Damit hoffen wir, daß wir den »Geist« der Strategeme der Entwaffnung sichtbar machen konnten.

In diesem vierten Strategem wird auf einen Angriff mit dem feinen Instrument der Sprache geantwortet. Die Kraft der Entwaffnung liegt in den Zwischentönen, die man zum Einsatz bringen kann. Sieht man sich in einer Situation, in der man rasch und unverzüglich seine Ehre ins rechte Licht gerückt sehen will, kann man die klassischen Strategeme der Entwaffnung, die auf der Einsicht des anderen beruhen, vielleicht das eine oder andere Mal nicht verwenden.

Oft sieht man sich mit der Notwendigkeit konfrontiert, sich in Anwesenheit eines Dritten verteidigen zu müssen. Um die Achtung des Dritten nicht zu verlieren und in einer umstrittenen Sache unantastbar zu bleiben, muß man Klarheit schaffen in der Angelegenheit und will dabei jedoch nicht den Angreifer auf ungebührliche Art und Weise bloßstellen.

Das Strategem »mit feiner Klinge widersprechen« ist ein Strategem, das speziell auf den Umgang mit den Feinheiten der Sprache verweist und auf die Kunst der Zwischentöne, die als Grundlage der »Professional Politeness« insgesamt dient. Gerade die Sprache besitzt ein unendliches Reservoire an Möglichkeiten, um Schmerz zu mehren oder Freude zu erzeugen. Wird man mit diesem Instrument attackiert, gilt es, dieses Instrument mit noch größerer Feinheit und tieferer Einsicht nutzen zu können.

Achtung: In einem Angriff, in dem Gemeinheiten und Grobheiten zum Einsatz kommen, sind es vor allem die Zwischentöne, deren Macht nur schwer aufzunehmen ist. Es ist nur mit großer Geschicklichkeit möglich, ihnen eine Wendung zu geben, die bei allen Beteiligten ein gutes Gefühl zurückläßt.

Die Zwischentöne von bissigen oder scharfen Bemerkungen, die sich scheinbar auf eine Sache beziehen, in Wahrheit aber losgeschickt werden, um uns oder andere zu treffen, gehören zu den meist gebrauchten Waffen in diesem Spiel. Das Strategem der feinen Klinge legt seine Intention darauf, dieses Grobe durch eine klare Unterscheidung aufzulösen, die das Sachliche in den Rahmen des Sachlichen stellt, das Grobe allerdings isoliert und sich selbst überläßt.

Dies geschieht durch die wörtlich formulierte Übernahme von Verantwortung. Rupert Lay formuliert die Maxime: »Niemand hat das Recht, unsere Handlungen sittlich zu verurteilen, wenn wir für die Handlungen einstehen.« Dieses Prinzip ist im Gewissen der meisten Menschen als Gefühl von Gerechtigkeit auffindbar. Wir können uns in unserem Strategem darauf beziehen.

Wichtig: Wird man von jemandem verbal attackiert und durch Zwischentöne darauf hingewiesen, in irgendeiner Art unrecht oder unsittlich gehandelt zu haben, so spricht man in seiner Antwort beide Elemente an, die in der verbalen Attacke enthalten waren. Als erstes isoliert man mit feiner Klinge den genauen sachlichen Gehalt, für den man verantwortlich zeichnet, und übernimmt für diesen die volle Verantwortung.

Die subtile Attacke, die Beleidigung oder die herabwürdigenden Zwischentöne isoliert man ebenfalls mit feiner Klinge, kehrt sie aber unter keinen Umständen gegen den, der sie ausgesandt hat, sondern spricht seine persönliche Betroffenheit und Verwirrung aus, daß es zu einer offensichtlichen Mißstimmung gekommen sein müsse, deren indirekte Ursache man wohl selbst gewesen sei. Im weiteren spricht man ruhig und gelassen darüber, daß man, wenn dies hilfreich wäre, auch gerne bereit sei, die Verantwortung für die Mißstimmung zu übernehmen, daß man aber in aller sachlichen Klarheit feststellen könne, daß es keinerlei Ursache oder Anlaß dafür gegeben habe.

Mit dieser Strategie gibt man dem anderen die Gelegenheit, ohne den geringsten Gesichtsverlust seinen Angriff zu beenden und in der weiteren Diskussion nicht mehr aufkommen zu lassen. Gegenüber dem Dritten hat man dargestellt, daß man sowohl für die Situation als auch für den Umgang miteinander die volle Verantwortung übernehmen kann.

Achtung: Auch hier gilt es, sich konstant und beständig nach den Anweisungen dieses Strategems zu verhalten. Man kann es mehrfach hintereinander zum Einsatz bringen. Gelingt es unterdessen dem anderen nicht, sich auf das Niveau einzustellen, das ihm in dieser Umgangsform angeboten wurde, hat man das Recht und manchmal sogar die Pflicht, das Gespräch zu beenden und darauf hinzuweisen, daß man nicht die Verantwortung übernehmen wolle für eine Eskalation, die offensichtlich angelegt sei. Man entschuldigt sich höflich und verläßt den Raum.

3. Strategeme der Zurückhaltung

Die Strategeme der Entwaffnung haben dazu gedient, die Aggression und die emotionalen Angriffe eines anderen in »gemeinsame Bahnen« der Achtung und des Respektes zu lenken. Die Strategeme der Zurückhaltung wenden sich nun gegen die beiden größten Feinde der »Politeness«, die in uns selbst sitzen: Aufdringlichkeit und Unverschämtheit.

Aufdringlich sein ist vom Wortstamm her schön beschrieben. Enthalten ist der »Drang« als zentraler Begriff. Zum einen verweist es auf den »inneren, geistig-seelischen Trieb«, der seit Goethe in der »Sturm- und Drang-Zeit« seine literarische Form gefunden hat.

Gemeint ist für den Einsatz der Strategeme nicht diese Art der Aufdringlichkeit, dieser seelische Drang, der zu einem Guten hinstreben will und dabei oft fragliche Mittel wählt.

Achtung: Gemeint ist jedoch bereits eine Form der Aufdringlichkeit von Kindern, die lernen, ihren Willen durchzusetzen, indem sie beständig und ohne Unterlaß auf ihre Eltern eindringen, um ihre Ziele zu erreichen. Wenn sie dabei lernen, daß die Summe der Schmerzen, die man auslösen kann, indem man der Mutter und dem Vater nur genügend auf die Nerven geht, relativ leicht zum Ziel führt, so wird darin die Methode erlernt, daß der Weg über die Schmerzen im anderen der einfachere Weg zum Erfolg ist. Es ist der Beginn der Aufdringlichkeit, die andere Menschen zu ihrem Mittel macht. Der Weg, daß man den anderen würdigen kann, um zum Erfolg zu gelangen, wird nicht befördert.

Drangsalieren ist jener Begriff, der das Quälen mit den Mitteln der Umgangsformen am besten beschreibt. Wenn wir jemanden drangsalieren, wenn wir ihn in die Enge treiben, ihn zu einer Entscheidung hindrängen, so nutzen wir die klassischen Mittel der Unterdrückung, um unser Ziel zu erreichen, selbst wenn wir es »ja nicht so meinen«.

In den Strategemen der Entwaffnung haben wir erfahren, der Unterdrückung anderer auszuweichen. Es kehrt sich in die größte Falschheit um, wenn wir nun selbst uns das Recht herausnehmen, andere mit dem Versuch zu quälen, unsere Ansprüche mit emotionalen Mitteln gegen ihren Willen durchzusetzen. Es gilt, der Versuchung zu widerstehen, seine wohlgeschliffene Fähigkeit des Einfühlungsvermögens zu mißbrauchen, um durch den Einsatz von Emotionen und Gefühlen im anderen Stimmungen auszulösen, deren er nicht habhaft werden kann.

Darin macht sich die Aufdringlichkeit Platz. Sie läßt nicht locker, kommt immer wieder mit ein und der gleichen Sache einher, um ihr Ziel zu erreichen. Sie gibt einmal diesem Argument Vorrang, einmal dem anderen. Doch immer kommt sie mit emotionalem Druck auf den anderen zu. Sie kann fordern und wollen, sie kann weinerlich aufsässig sein oder gedämpft etwas einmahnen. Immer hat sie ihre emotionale Energie bereit, ihren Willen, sich selbst durchzusetzen.

Dies ist Unterdrückung. Es ist die Ausübung von Macht über andere. Es ist nicht gut, sich hier durch intelligentere Formulierungen selbst zu belügen. Der andere mag sich nicht dagegen wehren können, und er mag unterliegen. Scheinbar gewinnt die Aufdringlichkeit. Der andere wird irgendwann nachgeben und verlieren. Seiner Abkehr von uns können wir uns in der Folge sicher sein. Äußerlich bleibt er vielleicht freundlich und aufgeschlossen. Innerlich jedoch wird er vorsichtiger werden und wird versuchen, unsere Nähe zu meiden, wo er nur kann.

Zudem haben wir ihn gezwungen, daß er unehrlich ist, weil er sich unseren emotionalen Versuchen wehrlos ausgeliefert fühlt. Wir haben ihn dazu gebracht, unehrlich zu sein: äußerlich freundlich, doch innerlich auf der Flucht. Wir haben ihn von sich selbst entfernt. Er wird uns dies nicht verzeihen, denn wir haben ihn vor sich selbst entwürdigt.

Die Wirkungen richten sich – wie schon so oft aufgezeigt – immer gegen uns selbst, gegen unsere Würde und unser Wertgefühl. Sie mindern unser Ansehen, machen uns klein in unserem Verlangen, verwirren unser Gefühl für Stimmigkeit, schwächen unser Verhältnis, dem anderen in Würde begegnen zu können, und lassen unser Bemühen auf eine kleinliche Art und Weise ersterben.

Die Unverschämtheit ist der zweite Feind, der darauf wartet, uns selbst vor den anderen zu entwürdigen. Sie ist der große Bruder – oder dem Artikel folgend – die große Schwester der Aufdringlichkeit. Der Wortstamm der »Scham«, der darin steckt, entstammt dem althochdeutschen »scama« und bedeutete Schande und Beschämung. Modern übersetzt wird es mit »frech«. Man muß nur frech genug sein, lautet die Devise, dann bekommt man schon, was man will. Der Blickwinkel, daß es immer einen anderen braucht, an dem man dieses Wollen vorbeilenken kann, wird großmütig übersehen. Der andere wird nicht zum Thema. Das eigene Wollen zählt. Man muß nur unverschämt sein, dann wird man ganz sicher erfolgreich. Daß der andere dabei in Scham versinkt, sich beschämt fühlt oder sich einer Schande ausgesetzt sieht, bleibt ausgespart aus der Betrachtung. Die Unverschämtheit geht mühelos über die Schmerzgrenzen des anderen hinweg, sie ist nicht einmal mehr bereit, sie anzuerkennen. Es interessiert sie einfach nicht mehr. Der Preis bleibt der gleiche.

Strategem 5: Nicht Wissen vergrößert den Raum des anderen

Die Grundform der Aufdringlichkeit ist die Besserwisserei. Sie ist der Tod der Zurückhaltung. Jeder Zentimeter Freiraum des anderen wird zugenagelt durch die Vorstellung, besser Bescheid zu wissen über den anderen und seine Welt als dieser selbst. Wer die Lösung immer und sofort parat hat, der muß nicht mehr zuhören, er kann sich in Selbstgefälligkeit sonnen und sich dabei sorglos von den wirklichen Sorgen des anderen freihalten.

John Gray hat in seinem Bestseller »Men are from Mars, Women are from Venus« die Begriffe des »Mr. Fix-It« und des »Home-Improvement Committee« geprägt. Er zeigt auf, daß die häufigste Beschwerde, die Frauen über Männer hegen, jene ist, daß diese nicht zuhören können oder wollen. Entweder, so die Frauen, würden ihre Männer nur ein paar Momente zuhören, blitzschnell analysieren, was die Frau anscheinend betrifft, um darauf ihren »Do-it-Yourself-Hut« aufzusetzen und augenblicklich zur Lösung des Problems überzugehen. Männer würden infolgedessen ihre Frauen mit guten Ratschlägen zuschütten und nach getaner »Arbeit« sich wieder ihren eigenen – »wichtigeren« – Problemen zuwenden.

Frauen hingegen, so klagen die Männer, erklärt John Gray, würden ihre ganze Energie darauf verwenden, sich der »Verbesserung« ihres Mannes zu widmen. Beständig seien sie auf der Suche nach kleinen Dingen, für die sie Verantwortung übernehmen könnten. Sie formen ein »Home-improvement Committee«, also eine Art »Privatverein zur sozialen Besserung« ihrer Männer.

Gray kommentiert diesen doppelten Fehlschlag eines Beziehungsaufbaus als den unpassenden Blickwinkel, aus dem man sein »besseres Wissen« erteilt. Männer, so Gray, definieren ihr Selbstwertgefühl über die Fähigkeit, Resultate erzielen zu können. Frauen hingegen seien oft nicht an den Ergebnissen interessiert, dafür folgen sie der unausgesprochenen Regel, daß der Partner ihnen zuhören soll, damit sie ihre Sorgen loswerden könnten und sich danach besser fühlen, weil sie sich mitgeteilt haben.

Wer annimmt, er wisse sofort die Lösung für den anderen, der übersieht fast immer, daß dieser seine Lösungen nach anderen Spielregeln erstellt. Ob nun Männern ihren Frauen oder Frauen ihren Männern, Angestellte ihren Kollegen, Chefs ihren Mitarbeitern oder Mitarbeitern ihren Chefs Ratschläge erteilen, alle stehen vor der gleichen Aufgabe. Haben sie erkannt, nach welchen inneren Anleitungen der andere sein Wohlgefühl aufbaut und zu seinen Lösungen kommt?

Das Strategem: »Nicht Wissen vergrößert den Raum des anderen« ist deshalb ein Strategem der Zurückhaltung. Es gilt, den Raum des anderen zu vergrößern, indem man sich selbst zurücknimmt und alles Drangsalieren unterläßt. Es ist äußerst höflich und zuvorkommend, wenn der andere den Freiraum bekommt, sich entfalten zu können. Darauf führt dieses Strategem hin.

Die Kunst liegt darin, dem anderen durch Fragen und Zuhören zur Seite zu stehen und ihn Schritt für Schritt auf seinem eigenen inneren Weg zu begleiten. Die Psychologie hat dies als aktives Zuhören definiert. Als die Methode, durch bewußte Wiederholungen des Gesagten dem anderen zu bestätigen, daß man ihn auch wirklich verstanden hat. Erst daraufhin erhält man das Recht, eine neue Frage zu stellen.

In den Strategemen der »Politeness« ist dies nicht enthalten. Man hat letztlich ja nicht die Aufgabe, den anderen zu psychologisieren, sondern enthält sich in erster Linie jeder Form der Aufdringlichkeit, um dem anderen in seinem Freiraum zu achten und zu würdigen.

Die praktische Durchführung ist denkbar einfach. Sie besteht in der Selbstkontrolle der eigenen Reaktion. Was man zurückhalten muß, ist die Reaktion des Kopfes, der vorgibt, etwas zu wissen. Wer zum Besserwissen neigt, der findet in der Selbstbeobachtung, daß es »im Kopf flackert«. Beständig zucken die »Ergebnisse« durch den Kopf. Hochtrainiert durch die Ansätze der Lösungsmaschinerie des Schulsystems und der Arbeitswelt, fällt es den meisten Menschen bereits schwer, sich zurückzunehmen und den anderen nicht mit den eigenen Gedanken zu überfallen und beständig beglücken zu wollen.

Es liegt diesem Strategem keine schwierigere Idee zugrunde als die Idee, daß der andere einfach ein wenig »Auszeit« bekommt und sich wohl fühlen können soll. Wir schenken ihm ein wenig Raum. Einen Raum des Gedankens und des Gefühls, den wir einfach nur frei machen, in dem wir uns nicht dort hinsetzen, wo der andere sich gerade ein wenig breitmacht. Wir verbarrikadieren diesen kleinen Raum nicht mit unseren eigenen Interpretationen, denen der andere nun zu folgen hat. Wir lenken seine Aufmerksamkeit nicht davon ab, wohin er gerade innerlich gehen will. Wir sind einfach nur da und hören zu. Wer darin eine Absicht hegt, will den anderen lenken, führen oder psychologisieren. Nichts davon ist gemeint.

Erfolgs-Tip:

Es geht hier um den Genuß, die Anwesenheit eines anderen »bedingungslos« zu genießen. Einfach um seinetwillen. In dieser Zurückhaltung liegt die große Kraft dieses Strategems. Eine Kraft, die das Leben selbst ins Fließen bringt. Man erreicht die Fähigkeit, das Leben strömen zu lassen, ohne es besser wissen zu müssen. Man kommt in den Genuß, der im Unterschied liegt zwischen Tratsch und der Kunst des Geplauders. Es ist nichts Falsches daran, sich einem netten und offenen Geplauder hinzugeben, wenn man dessen Kunst beherrscht.

Strategem 6: Niemals annehmen, etwas wissen zu können

Dieses Strategem ist von ebenfalls einfacher Denkweise durchdrungen. Es geht davon aus, daß wir leicht in Fettnäpfe treten können, wenn wir glauben, recht zu haben und mit diesem »unserem Recht« andere in ihre Schranken weisen zu können und zu sollen.

Wir wollen hier die bekannte Geschichte von Steven Covey, dem Autor von »The Seven Habits of Highly Effective People«, noch einmal erzählen, da sie in wunderbarer Weise aufdeckt, worin das Geheimnis dieser Form der Zurückhaltung liegt.

Covey begegnete auf einer Zugreise, die ihn zu einem Seminar brachte, einem Mann, dessen Kinder das Zugabteil als Spielplatz zum Toben, Lärmen und Fangenspielen nutzten. Covey indes wollte sich auf seinen Vortrag vorbereiten und konnte dem wilden Spiel der Kinder in diesem Moment nicht wirklich viel Freude abgewinnen. Der Vater schien nicht den geringsten Anteil zu nehmen, daß seine Kinder mit ihrem Benehmen die anderen im Abteil auf nur schwer zu ertragende Weise belasteten. Er starrte zum Fenster hinaus und blieb vollkommen teilnahmslos.

Die Kinder wurden durch dieses Verhalten erst recht immer wilder und unausstehlicher. Sie rissen an den Sitzen herum, trampelten auf den Polstern herum, letztlich zerrten und zogen sie sogar an den Jacken und Hosen der Reisenden herum. Sogar das Haar einer Dame entging nicht ihren Fingern. Der Vater blieb indes ungerührt.

In diesem Augenblick konnte Covey nicht mehr an sich halten. Mühsam beherrscht entschloß er sich einzuschreiten. Er stand auf, trat vor den Vater hin und versuchte mit kräftiger Stimme, ein Mindestmaß an Benehmen der Kinder einzufordern: »Entschuldigen Sie, mein Herr. Sehen Sie nicht, daß Ihre Kinder alle Mitreisenden stark belästigen? Würden Sie bitte so nett sein und sie zur Ordnung ermahnen.«

Nicht ohne Stolz setzte sich Covey wieder auf seinen Platz zurück. Er war sich sicher, daß er kraftvoll und beherrscht genug zugleich gewesen war. Zugleich merkte er, daß er den Vater aus seiner Lethargie hervorgeholt hatte. Langsam begann der Vater nun seine Sinne wieder zu sammeln und erwiderte mit leiser und bedrückter Stimme: »Ja, natürlich, es tut mir leid. Ich habe es gar nicht bemerkt, daß meine Kinder sich so schlecht benommen haben. Die Mutter der Kinder ist vor wenigen Stunden gestorben, meine Frau. Ich weiß noch gar nicht, wie ich damit umgehen soll. Und die Kinder – wir begreifen es noch gar nicht so richtig. Ich glaube, die Kinder verarbeiten es auf ihre Art irgendwie. Entschuldigen Sie bitte. Entschuldigen Sie.«

Covey war in diesem Augenblick zutiefst ergriffen, und das Benehmen der Kinder relativierte sich von einem Augenblick zum anderen. Für ihn war es der Blick auf die Welt, der sich radikal verändert hatte. Das Benehmen der Kinder war wie fortgeblasen. Sein eigenes Benehmen bekam gleichfalls eine vollkommen andere Bedeutung. Er fühlte sich froh und glücklich, nicht auf heftige und unangemessene Art und Weise reagiert zu haben.

Hätte er den Vater angeschrien, hätte er einige zynische Bemerkungen getätigt, die ihn verletzt hätten, hätte er sich in Wut oder Zorn über das Benehmen der Kinder ergangen, es wäre für ihn selbst im nachhinein ganz schrecklich gewesen – angesichts dieser Situation. Er hätte sich entsetzlich gefühlt. Die Unangemessenheit seines Verhaltens hätte den Vater und seine Kinder zutiefst verletzt und wäre durch nichts mehr gutzumachen gewesen. Vielleicht durch eine ehrliche und offene Entschuldigung. Doch wäre das Gefühl zurückgeblieben, daß die eigene Unbeherrschtheit eine unnötige und schmerzliche Situation geschaffen hätte.

Es bedarf nicht solch einer dramatischen Situation, um sich des Wertes der Zurückhaltung bewußt zu werden. Es gibt immer Anlässe und Hintergründe, die einen Menschen dazubringen, sich so oder so zu verhalten. Und wir können niemals wissen, woher es kommt, daß jemand etwas tut, das in unseren Augen etwas Rechtes ist oder etwas Unrechtes.

Wer dem Stratagem folgt »Niemals annehmen, etwas wissen zu können«, gerät nicht in die Peinlichkeit, sich seines eigenen Verhaltens schämen zu müssen. Es liegt eine große Freiheit darin, den Handlungen anderer Menschen nicht mit der Aufdringlichkeit des eigenen Wissens nachstellen zu müssen.

Wichtig: Wer dieses Stratagem beherzigt, spricht in jeder Lage und in jedem Moment mit der gleichen Gelassenheit und Herzlichkeit über die heikelsten Dinge. Er gerät nicht in Zorn, überwirft sich nicht mit seiner Umwelt über Kleinigkeiten, verfällt nicht der Illusion, das Leben des anderen durchschaut zu haben und jedem, der einem begegnet, gute Ratschläge erteilen zu müssen.

Man erhält die Freiheit, erst zu erfahren, was den anderen wirklich bewegt, weil man ihn nicht angegriffen hat oder gedemütigt hat in einem ersten Aufwallen seiner Emotionen.

Man wird viel eher vom anderen akzeptiert – als einer, dem man vertrauen kann, denn offensichtlich hat er sich nichts daraus gemacht, daß man selbst gerade einen Fehler begangen hat. Er hat bewiesen, daß er die Größe hat, über die kleinen Unpäßlichkeiten hinwegzusehen und sich nach den wesentlichen Gründen zu erkunden, bevor er ein Urteil über einen gebildet hat. Man hat einen Menschen gefunden, dem man trauen kann. Ein sehr seltenes Ereignis im Leben. Und ein wunderschönes.

Stratagem 7: Laß unverschämte Worte bei offenen Fenstern davonfliegen

Wenn ein Raum erfüllt wird von einem Menschen, dessen aufdringliche Art die Schranken der Unverschämtheit überschritten hat, wird es Zeit, die Fenster der Seele zu öffnen und allen Menschen, die daran leiden, frische Luft zu verschaffen. Dies ist der Kern des abschließenden Stratagems der Zurückhaltung.

Man hat kaum eine Möglichkeit, einen unverschämten Menschen in seine Schranken zu weisen. Weil er unverschämt ist, kann man mit hoher Wahrscheinlichkeit annehmen, daß er eines Tages seine Fähigkeit abgelegt hat, sich selbst und seine Taten zu reflektieren. Er glaubt, er habe das Recht geerbt, sich ausbreiten zu dürfen, ohne mit einer Sanktion durch andere rechnen zu müssen. Er hat, wenn er dies einmal zu seinem festen Verhalten hat werden lassen, mit Sicherheit gelernt, daß er mit dieser Art, sich zu benehmen, einen großen Kreis in seinem Umfeld unter eine ganz eigenartige Kontrolle bringen kann. Es wird nur wenige geben, die ihm widersprechen. Die meisten, die ihn kennen, werden gelernt haben, daß seine Argumente scharf sind und sein Humor bissig ist. Sie fürchten seine Reaktionen und leiden lieber an seiner Anwesenheit, als daß sie sich aktiv einem Kampf mit ihm aussetzen möchten.

Das Strategem, das ansetzt, seine Unverschämtheit nicht mehr wirksam sein zu lassen, ist der Prüfstein, auf dem man die Größe seiner eigenen Zurückhaltung ausloten kann. Wovor es gilt, sich zurückzuhalten, ist die Lust, gegen die Auswüchse des Unverschämten seinen Zynismus hervorzuholen, um die Worte des Unverschämten gegen seine eigenen Taten zu stellen. Der Zynismus und die Gegenattacke eines beißenden Humors sind der übliche Weg, den man geht, wenn man jemanden, dessen man nicht mehr Herr werden kann, zu Fall bringen will. Es ist ein Weg, auf dem nur Verwundete zurückbleiben. Wenn beißender Humor auf beißenden Humor trifft, beginnt ein Kampf, bei dem keiner der beiden Kontrahenten siegreich, daß heißt würdevoll, den Raum verlassen kann.

Achtung: Wer begonnen hat, diesen Weg zu gehen, kann nur noch schwer umkehren. Er hat das Gift der Unverschämtheit bereits selbst aufgesogen. Er glaubt an das Recht, den anderen richten zu dürfen, indem er sich breiter macht und durch die Kraft seiner Worte noch mehr Raum einnimmt als der andere. Es ist eine Schlacht um Raumgewinn, die entbrennt um den Gewinn an Publikum, entzündet an der Lust, sich größer machen zu können, als es der Unverschämte bereits selbst getan hat. Es ist der Versuch, einen aufgeblasenen Ballon durch das Aufblasen eines größeren Ballons zu verdrängen.

Das Strategem Nummer sieben empfiehlt, einfach das Fenster zu öffnen, um den Ballon der Unverschämtheit hinausfliegen zu lassen. Wie aber öffnet man ein Fenster, das den Raum von der Unverschämtheit eines Menschen erlösen kann?

Man tut das gleiche, das ein Fenster tut. Man vermindert den Widerstand an einer Seite, man löst die Wand sozusagen auf, auf daß man den Blick hinaus behalten kann und frische Luft hereinströmen kann. Man kümmert sich dabei nicht im mindesten um den Ballon, der den Raum erfüllt. Um diese »Wand« zu durchbrechen, die den Raum schafft, in dem die Unverschämtheit sich breitmacht, nimmt man gezielt und beständig die Inhalte auf, die sich der Unverschämte auf seine Fahnen geheftet hat, und spricht über sie auf angenehme und wunderbare Art und Weise. Spricht der Unverschämte etwa darüber, wie sehr ihn hier alles ärgere, wie sehr er angewidert sei von all den Idioten, von denen er umgeben sei, von all den Ignoranten und von all dem Unsinn, mit dem er sich hier abrackern müsse, so sind genau dies die Themen, denen man wieder Luft verschafft.

Wichtig: Es gilt, die Themen nicht zynisch aufzugreifen und mit einem bissigen Gegenkommentar zu versehen, etwa in der Art, daß »jede Kritik Selbstkritik sei und sich in der Kritik eines Menschen ohnedies nur seine eigene Schwäche darlegen würde.« Selbst wenn diese Analyse richtig ist und die einzig zutreffende Beschreibung ist, die man geben kann, gilt es, sich dieser Meinung zu enthalten. Sie bringt vielleicht den anderen zum Verstummen, doch schafft sie böses Blut.

Vielmehr nimmt man die Themen des anderen auf und beginnt, sie in ein helleres Licht zu stellen. Wer darin erfolgreich sein will, dessen Charakter muß allerdings von den anderen im Raum als ehrlich, offen und in keiner Weise selbstgerecht angesehen werden.

Ist er dies nicht, wird der Einsatz des Strategems mißlingen. Wird er jedoch anerkannt als Mensch, dem die Würde des anderen vorgeht vor einem kleinlichen Sieg, dann läßt man sich gerne und bereitwillig ein, den Gedanken zu folgen und sich in eine bessere und freudigere Stimmung versetzen zu lassen.

Das Fenster ist geöffnet. Nun gilt es, zu warten und es beständig offenzuhalten. Man nimmt dem Raum und den Menschen darin den Druck, den der Unverschämte ausgelöst hat. Man läßt die Sicht wieder frei werden. Man spricht davon, daß es etwas Interessantes gebe, auf das man trotz aller Schwierigkeiten gerade jetzt hinweisen könne. Man zaubert ein Lächeln hervor. Man erzählt einen unaufdringlichen Witz oder spricht davon, daß es einem gerade jetzt gutgehe, weil man dieses oder jenes erlebt habe. Man nimmt die Verantwortung wahr, den Raum wieder leicht zu machen und frisch. Und man hält dies bei, ohne jemals sich auf einen Kampf mit dem Unverschämten einzulassen. Den Rest überläßt man dem Gewissen des Unverschämten. Man wahrt ihm gegenüber den Abstand der Freiheit von Stimulus zu Reaktion.

4. Strategeme der Diskretion

Die Strategeme der Diskretion dienen dazu den Ausbruch aus dem Kreislauf von Schuld und Schuldzuweisung zu schaffen. Richtiges und falsches Verhalten wird, wie bereits an anderer Stelle erwähnt, in der »Währung der Schuldzuweisung« abgehandelt. Es geht um Erniedrigung und Herabwürdigung des anderen.

Die Strategeme der Diskretion geben diese Position vollkommen auf und setzen ganz bewußt auf die Kraft einer »schuldfreien Kommunikation«. Es wird jede heikle Situation mit größter Diskretion beantwortet. Angestrebt wird, den anderen nie in eine peinliche Lage zu versetzen, ganz gleich, wie prekär die Situation auch sein mag. Niemand soll sich schuldig fühlen. Niemand soll sich am Schmerz des anderen nähren können, weil sich dieser in die Ecke der Schuld abgedrängt sieht. Diskretion entsteht, wenn man scheinbar nicht sieht, was dem anderen gerade geschehen ist, wenn man die Würde hat, nicht zu reagieren auf sogenannte Fehler oder auf unglückliche Geschehnisse, in die sich ein anderer gebracht hat. Schmerzfreie Kommunikation erreicht in den Strategemen der Diskretion ihren Höhepunkt. Vielleicht sind es gerade diese Strategeme, die als Kern der gesamten Kunst der »Professional Politeness« angesehen werden können.

Am Gegenteil ist dies leicht zu erkennen: indiskret, taktlos und zudringlich – dies sind die Worte, die der Duden angibt, um das Fehlen von Diskretion zu definieren. Wer diese drei Eigenschaften in sich vereint, kann mit Sicherheit als »unpolite« gelten. Als indiskret wird insbesondere auch angesehen, nicht verschwiegen sein zu können.

Dementsprechend gelten die Strategeme der Diskretion auch als die Strategeme der Verschwiegenheit oder der »Geheimhaltung«. Es gilt sorgsam zu trennen, welche Aussagen, welche Geschichten und welche Verhaltensweisen ans Ohr eines Dritten kommen sollen und welche strikt unter dem Deckmantel der Diskretion verbleiben sollen. Darin findet sich die ursprüngliche Bedeutung des Wortes wieder, die entsprechend seiner Zugehörigkeit zum lateinischen discretus, auch »scheiden, trennen, unterscheiden« bedeutet.

Erfolgs-Tip:

- Die Fähigkeit, unterscheiden zu können, trennt den diskreten Menschen letztlich vom indiskreten.

- Wissen, welches Verhalten in welcher Situation angebracht ist, zeichnet den Menschen aus, der diskret ist und »polite«.

Strategem 8: Nichts sehen, nichts hören, nichts riechen und nicht darüber sprechen

Das erste Strategem zur Aufrechterhaltung der Diskretion bezieht sich auf den Einsatz der fünf Sinne. Oft ist es ein einfacher Blick, der bereits indiskret ist, oft ist es ein Wort, das man besser nicht hätte hören sollen, oft riecht man etwas, das dem anderen äußerst peinlich ist. Immer aber ist ein Wort indiskret, das zur falschen Zeit am falschen Ort ausgesprochen wird.

Das Strategem: »Nichts sehen, nichts hören, nichts riechen und nicht darüber sprechen« gibt die einfache Anleitung, daß man sich den meisten Dingen gegenüber, denen man begegnet, besser diskret verhalten sollte. Selbst in einfachen Situationen kann eine Vielzahl an »Mißverständnissen« vermieden werden, wenn man seine fünf Sinne unter Kontrolle hält.

Beispiel:

Spricht eine Verkäuferin mit einem Kunden, ist ihr Blick, der ein wenig zu genau über seine Krawatte und seine Schultern schweift, bereits indiskret. Der Kunde könnte denken, daß er wohl einen Fleck auf der Krawatte haben könnte, daß diese vielleicht nicht zu seinem Anzug paßt oder daß er sich eine neue kaufen sollte. Der Blick auf die Schultern kann auslösen, daß er wohl Schuppen dort haben müßte und das Gefühl, daß er nun nicht wisse, ob er nachsehen soll, ob wirklich Schuppen auf den Anzug gefallen sind.

Ob dies sinnvoll ist, sich bezüglich einer Krawatte oder der Schuppen auf den Schultern so viel Sorgen und Gedanken zu machen, steht dabei nicht zur Diskussion. Allein die Tatsache, daß sich viele Kunden schuldig fühlen für Dinge wie passende oder unpassende Krawatten und Schuppen auf den Schultern, reicht, um sich möglichst diskret zu verhalten.

Für Verkäufer ist praktisch nur ein Blick wirklich diskret. Der Blick, der sanft auf das Gesicht gerichtet ist. Wobei hier ausdrücklich unterschieden werden muß zwischen einem Blick direkt in die Augen, der vielen Menschen bereits unangenehm ist, und dem Blick, der etwa die Nase oder das Gesicht als Ganzes erreicht.

Zwischendurch muß dieser Blick jedoch immer wieder gelockert werden, muß einen Gegenstand im Raum aufsuchen, etwas, das man gerade berührt, oder eine andere Person ansehen. Tut man dies nicht, wird der Blick sehr leicht starr und erreicht erneut die Stufe der Indiskretion. Die Diskretion des Blicks wird um so wichtiger, je heikler eine Situation wird. Ist jemand in einen Konflikt geraten und wird etwa von seinem Chef in die peinliche Situation gebracht, vor versammelter Belegschaft angefahren und herabgewürdigt zu werden, so ist es nur diskret und durchaus angebracht, den Raum, in dem dies geschieht, bewußt zu verlassen.

Man reagiert dabei nicht mit irgendeiner Form von eigenem Zorn oder Mißachtung für den einen oder anderen, man verläßt ganz einfach nur den Raum, um nicht teilzuhaben an der sich mißlich entwickelnden Situation. Man steigt allerdings bewußt aus dem Zirkel aus, in dem Menschen zueinander mit der Zuweisung von Schuld agieren.

Achtung: Über indiskrete Gerüche zu sprechen wäre selbst bereits indiskret und kann an dieser Stelle wohl ausgelassen werden.

Heikler noch als indiskrete Blicke sind indiskret fallende Worte. In ihnen ist der Kreislauf von Schuld und Schuldzuweisung am intensivsten aufzuspüren. Fast jedermann ist hier in höchstem Maße anfällig für Peinlichkeiten, in die man gebracht werden kann. Aus dem Strategem des »Nichts sehen, nichts hören, nichts riechen und nicht darüber sprechen«, ist es vor allem das »Nicht darüber sprechen«, das den Unterschied macht.

Es gibt so gut wie nichts, das man von Menschen erzählen sollte, die nicht in einem Raum anwesend sind. Der Wunsch, seinem Herzen Erleichterung zu verschaffen, indem man von Menschen erzählt, die einem Schmerzen zugefügt haben, ist natürlich verständlich. Dies ist nur zu oft der engste Freund, der Lebensgefährte oder der nahestehende Geschäftspartner. Wenn dieser nun wieder in Kontakt kommt mit den Menschen, denen man »alles« erzählt hat über ihn, kann dieser wohl kaum mit erhobenem Haupt und sicherem Gefühl diese Begegnung aufnehmen. Er oder sie ist unweigerlich verstrickt in die Frage von Schuld und Beschuldigung.

Wer hier unschuldig bleiben will, muß die Kraft aufbringen, mit dem Partner selbst darüber zu sprechen. Jeder Dritte, der in der Beziehung auftritt, ist bereits zu viel. Die Diskretion ist das Siegel jeder engen Beziehung. Dieses Siegel zu brechen bricht leicht auch die Beziehung selbst.

Wichtig: Kann man nicht mehr an sich halten und muß hinaus mit den Geschichten über Dritte, die nicht anwesend sind, sollte man sich selbst gegenüber und dem Partner gegenüber treu bleiben und der Regel folgen: »Niemals über einen Dritten, der nicht anwesend ist, etwas sagen, daß man nicht auch aussprechen würde, wenn dieser Dritte im Raum anwesend wäre.«

Strategem 9: Der Fürst wirft seine goldglänzende Haut ab

Dieses klassische Strategem zeigt auf, durch welche Entschuldigung man sich am besten ent-schuldet. Es ist unabdingbar, daß man in Situationen gerät, in denen man sich selbst indiskret verhalten hat und von denen man weiß, daß man dies oder jenes besser nicht getan hätte. Ist dies geschehen, sollte man keinesfalls anstehen, sich auf eine möglichst diskrete Art zu entschuldigen.

Warum gilt es nun, eine goldglänzende Haut abzuwerfen, wenn man sich um eine Entschuldigung müht? Weil es angebracht ist, ein Gleichgewicht wiederherzustellen zwischen dem, der sich entschuldigt, und dem, der die Entschuldigung annehmen können soll. Die goldene Haut entsteht, wenn man einen anderen schlechter macht und sich damit – willentlich oder nicht – besser macht, als es der andere ist. Hat man sich das Recht herausgenommen, jemanden etwa zu beschuldigen oder ihn vor einem anderen bloßzustellen, so hat man sich eine goldene Haut übergezogen, sagt das chinesische Strategem der Höflichkeit dazu. Der andere hat nun wiederum das Recht, daß man zuerst diese goldene Haut abstreift, bevor man ihn um Entschuldigung bittet.

Dies ist mit einfachen Worten getan. Bevor man die Entschuldigung ausspricht, kehrt man verbal in die Situation zurück, die man selbst geschaffen hat, und spricht davon, daß man in diesem Moment einen Schritt getan hat, von dem man nun weiß, daß man ihn hätte vermeiden sollen. Man übernimmt die Verantwortung für das Gefühl und die Peinlichkeit, die durch das eigene Tun ausgelöst worden ist. Dies ist keine Übernahme der Schuld, es ist eine Übernahme der Verantwortung für seine eigene Handlung. Für den anderen bleibt nichts zurück, das ihm peinlich bleiben müßte.

Dabei übernimmt man natürlich nicht die Verantwortung für irgend etwas, das der andere getan hat. Man übernimmt die Verantwortung für das eigene Wort oder die eigene Handlung, die den anderen beschuldigt hat oder ihn bloßgestellt hat. Man legt die goldene Haut ab, die man sich übergestreift hat. Man kann sich darin Ausdrücken bedienen wie: »Es war mir in diesem Moment nicht bewußt, wie sehr ich Sie damit treffen würde.« Oder: »Ich muß Sie bitten, mir zu glauben, daß ich diesen Schritt nicht getan habe, um Sie zu verletzen.« Oder: »Die Angelegenheit hat mich so sehr überrascht, daß ich im ersten Moment diese Handlung gesetzt habe, die selbstverständlich unangebracht war und die mir auf keinen Fall zugestanden hat.«

Danach spricht man seine Entschuldigung aus: »Bitte entschuldigen Sie diesen Schritt.« Geschieht dies mit offenem Herzen und in sympathischer Haltung, darf man erwarten, daß der andere die Entschuldigung annimmt.

Strategem 10: Der Sucht des Lästerns die Nahrung entziehen

Das Lästern, Tratschen und Klatschen ist die niedrigste Sucht, die in der Welt der Schuldzuweisung auftritt. Sie ist das tägliche Nikotin, das den Körper der Gemeinschaft vergiftet. In dieser Sucht wird alles herangenommen, um sich besser zu machen als andere, über diesen oder jenen zu reden, um ihn herabzuziehen, seine Schwächen zu veröffentlichen und das Wissen, das man über jemanden hat, zu mißbrauchen, um ihn bloßzustellen.

Weil man hier keinen Einfluß hat auf die Mehrzahl der menschlichen Geister, die sich dieser Sucht mit großer Hingabe ergeben, ist es eine Frage der eigenen Hygiene, sich dem zehnten Strategem verpflichtet zu fühlen. Es ist gut, so diskret wie möglich zu sein, um der Sucht des Lästerns jedmögliche Nahrung vorzuenthalten, die sie nutzen könnte, um unser eigenes Leben zum Inhalt ihres niedrigen Beweggrundes werden zu lassen.

Die Verschwiegenheit über die Geheimnisse des eigenen Lebens liegt diesem Strategem zugrunde. Hat man sich nämlich einmal daran gewöhnt, alles auszuposaunen und allen anderen Einblick zu gewähren in die geheimsten Winkel seines eigenen Wollens und Tuns, so sieht man sich rasch in die Lage gebracht, daß die Menschen Rechenschaft einfordern von uns, wie wir unsere nächsten Schritte gestalten werden. Sie fordern Auskunft darüber – meist auf freundliche und zugleich listenreiche Art –, von uns zu erfahren, was wir in Zukunft tun oder lassen werden wollen. Die Lästerer und Tratschsüchtigen wollen infolgedessen bei jedem Geschehnis zu Rate gezogen werden. Wir haben ihnen eine ungehörige Position verschafft und haben ihre Unverschämtheit geradezu herausgefordert.

Leider zeitigt eine Übertreibung der Verschwiegenheit ähnliche Folgen. Ist man in extremer Weise karg und zurückhaltend mit allem, das man über sich erzählen könnte, glauben jene, die sich der Sucht des Lästerns anheimgefallen sehen, daß hinter jeder

Handlung, die wir setzen, etwas Bedeutendes oder gar Gefährliches stecken würde, und sie werden alles tun, um uns in unangenehme Verlegenheiten zu bringen, um zu erfahren, was wirklich hinter dem scheinbar so Geheimnisvollen steckt.

Erfolgs-Tip:

Für den Umgang mit solchen Menschen wurde die Kunst des »Small talk« erfunden. Dies oberflächliche Gerede nährt ihre Sucht zur Genüge, so daß man sich ihnen nicht preisgeben muß; zugleich erscheint es ihnen nicht interessant genug, uns »auf die Schliche« kommen zu wollen. Es ist im Strategem, das dem Lästern die Nahrung entzieht, durchaus angedacht, die ungefährliche Ersatzdroge des Small talk wirksam werden zu lassen, um den Süchtigen sowie die eigene Person vor schlimmeren Folgen zu schützen.

5. Strategeme der Führung

Niemand führt. Nur wenn andere folgen, entsteht die Bewegung der Führung. Dies liegt den Strategemen der Führung zugrunde. Sie beginnen im Bewußtsein, daß Führung etwas ist, das einem von anderen gegeben wird. Machtmenschen verstehen diesen Unterschied oftmals nicht. Sie denken, daß die Kraft ihres Wollens reicht, um Menschen zu führen. Was sie verkennen, ist die Tatsache, daß Menschen vielleicht ihren Entscheidungen folgen müssen, weil sie die Systeme der Strafe und des Gehorsams unter ihre Kontrolle gebracht haben. Sie folgen ihnen aber nicht als Mensch dank ihrer menschlichen Strahlkraft und ihrer menschlichen Größe.

In den Strategemen der »Politeness« und dem Weg zum Erfolg, der darin aufgezeigt wird, ist solch eine »Führungsqualität« ohne Bedeutung. Sie ist leer, sie macht einsam, und sie folgt einer Lüge über das Prinzip des Führens selbst. Sie ist Macht ohne Führung.

Im engeren Sinn gesehen, beginnen in diesem Mißverständnis von Führung die Schluchten der Ignoranz. Das Verb »ignorieren« wurde im 18. Jahrhundert entlehnt aus dem lateinischen ignorare, was soviel wie »nicht kennen wollen« bedeutet. Es sagt heute aus, etwas nicht wissen zu wollen, etwas absichtlich übersehen oder etwas nicht beachten zu wollen.

Man muß übersehen wollen, daß die Menschen sich nicht nur vor einer größeren Macht allein beugen, sondern daß sie einer herzlichen Führung ebenso gerne folgen. Der Schritt vom »etwas ignorieren« zu »jemanden ignorieren« ist dementsprechend ein ganz kleiner. In der Ignoranz, die man Menschen gegenüber aufbringt, liegt die gesamte Kraft der Mißachtung, Entwürdigung, Minderung und absichtsvollen Zurückweisung, die als das Gegenteil der »Politeness« schlechthin angesehen werden kann.

Freiherr von Knigge führte die Gedanken dieses Strategems aus, als er seinem berühmten Buch »Über den Umgang mit Menschen« die folgenden Sätze an den Schluß stellte: »Ich habe in diesem Werk nicht die Kunst lehren wollen, die Menschen zu seinen Endzwecken zu mißbrauchen, über alle nach Gefallen zu herrschen, jeden nach Belieben für unsere eigennützigen Absichten in Bewegung zu setzen. Ich verachte den Satz: ›daß man aus den Menschen machen könne, was man wolle, wenn man sie bei ihren schwachen Seiten zu fassen verstünde‹. Nur ein Schurke kann das und will das, weil nur ihm die Mittel, zu seinem Zwecke zu gelangen, gleichgültig sind; der ehrliche Mann kann nicht aus allen Menschen alles machen und will das auch nicht; und der Mann von festen Grundsätzen läßt auch nicht alles aus sich machen.«

Knigge wollte nicht ein Prinzip der Führung propagieren, das Menschen »ver«-führt. Er wollte etwas viel Geringeres, das bei genauer Betrachtung sich als etwas viel Größeres herausstellen kann. Sein Wunsch war es, zu bewirken, »daß wenigstens die Besseren ihm Gerechtigkeit widerfahren lassen; daß niemand ihn verachte; daß er Frieden von außen her habe; daß er den Genuß aus dem Umgang mit allen Menschen schöpfen könne; daß andere ihn nicht mißbrauchen, oder bei der Nase herumführen.«

Als er dies erreicht hatte, war er sich bewußt geworden, daß es »nur genügend Ausdauer erfordere, immer gerecht, edel, vorsichtig und gerade zu handeln, um sich einer allgemeinen Achtung sicher sein zu können, ja sie sogar ohne Druck zu erzwingen, und letztlich fast jede gute Sache am Ende durchsetzen kann.«

Knigge wollte die Würde des Menschen mehren, indem er sie im wertvollsten Lichte behandeln wollte, zu dem er selbst sich befähigt sah, und daraus die Erfahrung ziehen, daß Menschen bereit sind, gerne und mit tief empfundener Zufriedenheit sich ihm auf den Weg solch eines Erfolges anzuschließen.

Wichtig: Anders formuliert kann man deshalb die Strategeme der Führung auch als die »Strategeme der Beförderung« bezeichnen. Sie befördern das Wohlbefinden des anderen, seine Selbstachtung, seine Würde und seine Zufriedenheit. Daraus entspringt ein natürlich empfundenes Vertrauen zueinander. Ein aus sich selbst heraus fließender Erfolg. Und das Lebensgefühl, das der Achtsamkeit, der Herzlichkeit und der Gelassenheit entspringt.

Strategem 11: Den König zu seinem Segen verpflichten

Dieses Strategem führt von unten nach oben. Es geht davon aus, daß viele Menschen, die hierarchisch weniger hoch stehen, zugleich aber ein hohes Maß an menschlicher Reife erreicht haben, die Pflicht besitzen, »ihren König« zu führen, den Vorgesetzten, den Führer eines Vereins, den Ersten eines Clans oder den Präsidenten eines Konzerns oder eines Staates.

Führende, insofern sie nicht der ignoranten Seite der Macht vollkommen verfallen sind, suchen nach Verbündeten, denen sie trauen können. Die Währung des Vertrauens ist in der Sicherheit begründet, seitens des anderen nicht verletzt, diffamiert, entwürdigt oder herabgesetzt zu werden. Das Verhalten eines Menschen, dessen Handlungen, Worte und Reaktionen durch und durch »polite« sind, steht in dieser Währung ganz oben. Es kann als König im Reich des Vertrauens angesehen werden. Begegnet ihm ein Führender, weiß er unzweifelhaft, daß er einen anderen vor sich hat, der in seinem Inneren alle Qualitäten eines wahren Königs besitzt. Es kommt zu einer Begegnung von Königen untereinander. Ein König eines Reiches begegnet dem König eines anderen Reiches.

Ist sich nun der König, dessen Reichtum es ist, vollkommen höflich und zuvorkommend sein zu können, einer Aufgabe bewußt, die er erfüllen muß, so gelingt es ihm ohne Mühe, das Vertrauen des anderen zu erhalten. Um diesen jedoch zu einer Entscheidung zu bringen, welcher andere wichtige Gründe entgegenstehen, hat der König der »Politeness« ein starkes Mittel, das er einsetzen kann: Die Kraft des Wunsches.

Einem solch »edlen« Mann kann man nur schwer eine Bitte oder einen Wunsch abschlagen. Zwar weiß man, daß man seiner Achtung nicht verlustig gehen würde, denn der andere würde niemals mit einer Reaktion antworten, die ihn selbst entwürdigen würde. Man weiß jedoch, daß es die eigene Größe und Würde verletzen würde, käme man diesem »König« nicht entgegen.

Beispiel:

> Große Butler haben dieses Prinzip in Vollkommenheit beherrscht und haben oft bei ihren Herren die scheinbar unmöglichsten Dinge durchgesetzt, um für das Küchenpersonal oder die Hausdamen besondere Rechte zu erhalten, die ihnen das Leben um ein Vielfaches angenehmer gemacht haben.

Wichtig: Menschen, deren Gefühl sich so weit entwickelt hat, daß sie einen König zu seinem Segen verpflichten können, sind jedoch meist derart zurückhaltend, daß sie nur unter verzweifelten Umständen bereit sind, zu diesem Strategem zu greifen.

Strategem 12: Man folgt gerne dem Gerechten

Als Strategem wird das »Dem-Gerechten-Folgen« vor allem unter Gleichberechtigten und Gleichgestellten wirksam. In diesem Strategem kommt die gesamte Strahlkraft zum Einsatz, die ein Mensch erreicht hat, der sich vollkommen »polite« verhalten kann. Wer unzweifelhaft ist in seinem Benehmen und ohne Tadel sich im Umgang mit Menschen zu bewegen versteht, und der über die Fähigkeit verfügt, andere Menschen zu führen, der wird unwiderstehlich. Dabei ist dies wörtlich gemeint. Ein solch unantastbares Verhalten erzeugt sozusagen keine Form des Widerstands mehr. Es gibt niemanden, der verletzt worden wäre, dem ein Unrecht geschehen wäre, das nicht durch eine Entschuldigung aufgewogen worden wäre. Es ist keiner anwesend, der einer Peinlichkeit ausgesetzt worden wäre. Es gibt keine Widerstände, die je ausgelöst worden wären.

Für die Menschen, die einen umgeben, ist man ein Pol der Ruhe und der Sicherheit. Niemand fühlt sich bedroht, jeder hat ein Grundmaß des Vertrauens, das man gerne bereit ist zu geben, wenn es gilt, in einer schwierigen Situation einen zu wählen, der für einen sprechen soll oder für einen eintreten soll.

Im Idealfall ist dies das Auftreten eines Politikers, der in einer Demokratie wirksam sein möchte. Shakespeare hat seinem Marcus Antonius die wunderbarsten Worte gegeben, als er diesen, an der Leiche des Cäsar stehend, an die »Mitbürger, Freunde, Römer« seinen Aufruf adressieren ließ. Sein stärkstes Argument hieß nicht »Nieder mit den anderen«, sondern »Denn Brutus ist ein ehrenwerter Mann.« Shakespeare ließ seinen Antonius am Charakter des Brutus selbst messen. War dieser ehrenwert, so war es recht, ihm zu folgen. War er es nicht, so sollten sie lieber ihn vertreiben als jene, die am Tod des Cäsar Anteil hatten.

Wichtig: So kommt es, daß oft gerade in Situationen großer Krisen die hervorragendsten Männer geholt werden, denen man alleine noch vertraut, um eine Wendung zum Guten zu erreichen.

Hervorragend in ihren Handlungen und hervorragend in ihrem Umgang mit anderen.

In den Niederungen der Politik gegenseitiger Geringschätzung und Mißachtung sinkt die Währung der Wertschätzung und des Vertrauens wie von selbst auf einen Tiefstand. Es fehlen die Gerechten, denen man gerne bereit wäre zu folgen.

Strategem 13: Charismatische Felder schaffen

Im Strategem der charismatischen Felder nimmt man die Menschen, denen man gegenübertritt, mit seiner ganzen Aufmerksamkeit in das eigene Handeln auf. Wer sich in dieses Strategem einfühlen kann, schafft um den anderen herum einen Raum, der den anderen »charismatisch« auflädt und dadurch letztlich – ohne es anzustreben – einen selbst.

Das Prinzip hinter jeder Form von Charisma ist der »Magnetismus«, der von einer Person ausgeht. Man fühlt sich von ihr angezogen, man weiß oft nicht einmal, warum dem so ist, doch spürt man eine besondere Kraft ausgehen, die einen bewegt. Beobachtet man Menschen genau, die Charisma haben, so folgen ihnen die Menschen gleich einem magnetisch angezogenen Element, das nachrückt, das sich zurückzieht oder seitlich bewegt, je nachdem, welche Bewegung der charismatische Mensch gerade selbst durchführt. Dieser Magnetismus hat die Kraft, Menschen anzuziehen, die weit entfernt stehen, und zugleich jene Menschen, die zu nahe herangekommen sind, auf einem gebührlichen Respektabstand zurückzubewegen und in diesem »magisch-richtigen« Abstand zu halten.

Es ist eine Art von Tanz, der entsteht, mit dem sich die Menschen im Umfeld einer charismatischen Persönlichkeit bewegen. Die Methode, dies nun nachzuäffen, um dadurch selbst charismatisch zu werden, können wir nicht empfehlen, obgleich dies in etlichen Büchern vorgeschlagen wird. Das Strategem des charismatischen Feldes versucht nicht, ein solches um sich selbst aufzubauen. Es will vielmehr ein charismatisches Feld um jemanden anderen herum errichten. Es ist ein Strategem, das den anderen aufwertet und ihm das Höchstmaß an Würde zukommen läßt, das denkbar ist.

Achtung: Voraussetzung dafür ist, daß man »Menschen spüren kann«. Das Einfühlungsvermögen und das Gefühl für Stimmigkeit können auf die beste Probe gestellt werden. Denn die Aufgabe ist, sich im Verhältnis zu einem Menschen so zu bewegen, als hätte er ein charismatisches Feld um sich herum bereits aufgebaut. Man reagiert auf seinen Magnetismus, den er scheinbar ausströmt, man läßt sich von ihm anziehen und weicht zurück, wenn man zu nahe an ihn herangekommen ist. Man folgt den »magnetischen Strömen«, die der andere aussendet. Und weil man seine ganze Aufmerksamkeit darauf hält, beginnt sich dieses charismatische Feld tatsächlich um diesen Menschen herum aufzubauen. Ohne es bewußt zu merken, spürt der andere die Achtung und den Respekt, der ihm hier entgegengebracht wird. Er spürt, daß jede Bewegung, die von ihm ausgeht, jedes Losgehen, jedes Stehenbleiben, jedes Verlangsamen und jedes Beschleunigen spürbar von uns registriert wird, ja mehr noch, daß es eine direkte Auswirkung erzielt in unserem eigenen Verhalten.

Dieser Vorgang ist in seiner praktischen Durchführung weitaus weniger spektakulär, als es auf den ersten Blick erscheinen möchte. Ganz gleich, an welchem Ort man jemandem begegnet, in einem Geschäft, auf einer Treppe, vor einem Lift, beim Vorangehen durch einen Raum oder beim Betreten eines Sitzungssaales, überall kann man die charismatischen Felder der anderen Menschen erzeugen.

In einer übertriebenen Form kann man dies noch in Filmen entdecken, in denen Butler oder Berater am Hof eines Königs gemimt werden. Ihre Bewegungen sind jedoch schon als Persiflage gemeint, wenn sie einen großen Schritt zurück tätigen, weil der König sich erhebt, wenn sie mit einer graziösen Drehbewegung den Raum um den König herum »freigeben«, damit dieser würdevoll in diesen Raum hineinschreiten kann. Daß man sie als solche

Persiflierung noch einsetzt, zeigt dennoch, daß man die Ausdruckskraft nicht übersehen kann, die darin liegt.

Erfolgs-Tip:

- Man muß erst wieder die Kraft entdecken, die man selbst auslösen kann, wenn man sich mit derart großer Aufmerksamkeit und Bedachtsamkeit im Umfeld eines anderen Menschen bewegt.

- Erst wenn man wieder entdeckt hat, daß die emotionale Aufladung eines ganzen Raumes und des gesamten Beziehungsgefüges zwischen Menschen sich dadurch ändern kann, beginnt man der Kraft und dem Einfluß seines eigenen Verhaltens wieder jene Aufmerksamkeit zu schenken, die ihm eigentlich zukommt.

Aus dieser Art, sich zu bewegen, entsteht ein ganz eigenartiges Gefühl der Sicherheit und Klarheit, das sich um die eigene Person anschmiegt wie ein Mantel des Charakters. Der Philosoph Hans Lipps hat dies wunderbar formuliert: »Durch die Haltung verbindet man sich dem anderen, sein Raum wird dadurch mitgestaltet.«

Es ist die Haltung und die Bewegung, die aus dem Charakter eines Menschen hervorquillt und die sein Denken, sein Wollen und sein Sollen zum Ausdruck bringt.

Wichtig: Bewußt schließt sich hier der Kreis zu den »Schlüsselbewegungen«, den »magic movements«, aus denen die Kraft hervorkommt, sich einzustimmen auf die Welt und dabei den anderen in diese Stimmung mit einzubinden.

Dieses Strategem erweitert nur die Kunst, sich und den anderen zu einem höheren gemeinsamen Ganzen zu verbinden – in Gelassenheit, Herzlichkeit und Achtsamkeit!

Strategem 14: Einen Sog auslösen

Das abschließende Strategem nimmt den Gedanken auf, mit dem das vorhergegangene Strategem geschlossen hat. Es verbindet noch einmal alle Qualitäten, die auf der langen Reise durch die Kunst der »Professional Politeness« wahrnehmbar geworden sind.

Das Strategem des Soges, den man auslösen kann, beruht auf der Tatsache, daß die Menschen dem Gerechten folgen, daß sie spüren, wenn ihnen mit Achtsamkeit, Herzlichkeit und Gelassenheit begegnet wird, daß sie sich öffnen für den, der ihnen ehrlich entgegenkommt, und daß sie seine Anwesenheit suchen. Es ist die Wirkung eines Menschen, der andere Menschen anzieht, dessen Gegenwart gerne angenommen wird, der durch seine Anwesenheit alleine bereits einen Raum mit feiner und gerechter Stimmung zu erfüllen weiß, einem Menschen, dessen Weg man gerne mitgehen möchte, dem man vertraut und dessen Erfolg mit dem Odeur versehen ist, aufrichtig, stimmig und würdevoll zu sein.

Als eigenständiges Strategem wird das Strategem des Soges wirksam, wenn man sich selbst dem Recht übergibt, so weit gekommen zu sein, daß man Menschen anziehen darf. Es ist die Prüfung vor dem eigenen Gewissen, aus dessen Inneren sich das Bewußtsein bereitstellt, angekommen zu sein in der eigenen Persönlichkeit, die in Herzlichkeit, Achtsamkeit, Gelassenheit, Aufrichtigkeit und Würde seine Bestimmung gefunden hat. Der Umgang mit Menschen, der daraus entsteht, bedarf keiner weiteren Anleitung. Er versprüht sich selbst und wird zu einem Magnet, dessen Sog man gerne Folge leistet.

Die Anti-Ellbogen-Strategie auf einen Blick

5

Diese Checklisten veranschaulichen in aller Kürze, wie Sie durch achtsames, herzliches und gelassenes Verhalten mühelos zu beruflichem wie gesellschaftlichem Erfolg kommen.

Anleitungen zum eigenen Auftritt

- Mache gutes Benehmen und einen gehobenen Stil zu deiner zweiten Natur.

- Pflege eine korrekte Muttersprache.

- Wähle gute Worte, wenn du über Menschen sprichst.

- Sei fröhlich, aber nicht laut und dränge deine Stimmung niemandem auf.

- Ehre das Materielle, aber bilde das Herz.

- Achte die Kunst der Selbstaufwertung.

- Habe dein Mienenspiel in der Gewalt.

- Fahre beim Sprechen nicht wild mit den Händen umher.

- Verteile deine Blicke in großer Runde, ohne jemanden zu bevorzugen.

- Habe deine Stimme in der Gewalt.

Hinweis: Umfassende Erläuterungen finden Sie auf Seite 110 ff.

Wegmarken der Freundlichkeit

- Suche Erfüllung im Umgang mit Menschen.

- Übe gutes Benehmen und Rechtschaffenheit nicht nur gegenüber Fremden, sondern auch gegenüber Freunden und Familie.

- Sei in der Begegnung zurückhaltend und angemessen.

- Halte unverbrüchlich Wort auch in den geringsten Kleinigkeiten.

- Verfahre sorgfältig mit deinem eigenen Besitz, ordentlicher noch mit fremden Sachen.

- Lasse andere zu Wort kommen und falle niemandem ins Wort.

- Widme einem Menschen deine volle Aufmerksamkeit, solange die Begegnung andauert.

- Laß dich nicht nur von den anderen unterhalten, sondern leiste auch deinen Beitrag zur Unterhaltung.

- Achte auf jenen, dem ein Mißgeschick widerfährt, und nicht auf das Mißgeschick.

- Verflechte niemanden in deine privaten Zwistigkeiten.

- Gib Zwistigkeiten eine gute Wendung.

- Nimm nicht teil daran, wenn jemand einem Dritten unangenehme Dinge sagt oder ihn beschämt.

- Klage dein Leid niemand anderem als dem, der helfen kann.

- Habe immer die Aufmerksamkeit auf dem Wohlergehen der anderen und nicht auf dir selbst.

Hinweis: Umfassende Erläuterungen finden Sie auf Seite 119 ff.

Wegmarken im Umgang mit Menschen

- Sei nicht ungehalten, wenn andere dich intellektuell oder ethisch nicht anerkennen.

- Hüte dich vor Schmeichlern.

- Führe mit Liebe auch ein zwangloses Gespräch.

- Sei achtsam im Verteilen von Wohltaten, noch weniger fordere sie.

- Interpretiere anderer Menschen Verhalten nicht.

- Halte die Disziplin, den Schein von der Wahrheit zu unterscheiden.

- Enthülle nie öffentlich die Fehltritte und Schwächen deiner Mitmenschen.

- Sei geduldig oder hilfreich, wenn einem anderen etwas schwerfällt, das dir leichtfällt.

Hinweis: Umfassende Erläuterungen finden Sie auf Seite 129 ff.

Anleitungen zum Gleichmut und zur Gelassenheit

- Bewahre Gleichmut, auch wenn du deine Meinung verteidigen mußt.

- Wahre den rechten Abstand.

- Miß den Dingen nicht zu große Bedeutung bei.

- Gib lieber einer Pflicht nach als einer Zerstreuung, die keinen Genuß auslösen kann.

- Genieße die Sorgfalt, was immer deine Aufgabe sein möge.

Hinweis: Umfassende Erläuterungen finden Sie auf Seite 134 ff.

Wegmarken in der Wahl seines Umgangs

- Wähle die Weisen zu deinem Umgang.

- Meide die permanent Unzufriedenen.

- Lasse dich nicht herab, im Kreise schaler Köpfe den Spaßmacher zu spielen.

- Sei nicht jedermanns Freund und Vertrauter.

- Dränge dich nicht den Erfolgreichen und den Wohlhabenden auf.

Hinweis: Umfassende Erläuterungen finden Sie auf Seite 139 ff.

Wegmarken der Selbstachtung

- Laß dich nicht gehen, arbeite beständig an dir selbst.

- Sei zu dir selbst zumindest so streng, wie du es zu anderen bist.

- Scheue dich nicht, die guten Seiten an dir herauszustreichen, auch wenn ein anderer dir etwas voraushat.

- Handle stets konsequent.

- Sei kein Vielgeschäftiger, der nie zur Ruhe kommt.

- Schreibe nicht unvorsichtig emotionale Briefe.

- Hadere nicht mit deinem Schicksal, sondern überlege, was du daraus lernen kannst.

- Laß dich nicht niederbeugen von jedem widrigen Vorfall.

- Laß dich von körperlichen Schwächen nicht kleinmachen.

- Sei was du bist und immer derselbe.

- Ehre dich selbst, wenn du willst, daß andere dich ehren.

- Wahre die rechte Zeit, um dein Talent und Können zu beweisen.

- Frage nicht, was dir das Leben bieten kann, sondern was das Leben von dir erwartet.

Hinweis: Umfassende Erläuterungen finden Sie auf Seite 144 ff.

Wegmarken des Anstands

- Gib keinen Anlaß, anstößig oder herausfordernd zu wirken.

- Schreibe nicht auf deine Rechnung, wovon anderen das Verdienst gebührt.

- Rühme dich nicht der Bekanntschaft einer angesehenen Persönlichkeit, sondern freue dich in Stille dieser Begegnung.

- Spiel dich in einem fremden Haus, in dem du zu Gast bist, nicht als Hausherr auf.

- Suche keinen Menschen, auch den Schwächsten nicht, in Gesellschaft lächerlich zu machen.

- Necke und schrecke niemanden mit falschen Nachrichten.

- Sei diskret mit fremden und eigenen Belangen.

- Breite nicht aus, was dir jemand unter dem Siegel der Verschwiegenheit anvertraut.

- Fasse dich in Geduld, wenn jemand etwas Langweiliges erzählt.

- Schau nicht dem Schreibenden oder Lesenden über die Schulter.

- Hüte dich vor Verwechslung bei Titeln und Namen.

- Achte den abwesenden Dritten.

- Unterhalte dich so leise, daß du niemanden störst oder ihn zum unfreiwilligen Zeugen deines Gespräches machst.

- Mache auf deine Anwesenheit aufmerksam, wenn zwei, die allein zu sein glauben, sich unterhalten.

- Zeige deine Zuneigung nicht in aller Öffentlichkeit.

- Mißachte nicht die Privatheit deiner Beziehung.

- Ergötze dich nicht an Effekthaschereien und reißerischen Geschichten.

- Albere nicht über religiöse Dinge.

Hinweis: Umfassende Erläuterungen finden Sie auf Seite 154 ff.

Strategeme der Entwaffnung

- Dem Pfeil seine Spitze nehmen.
- Den Angreifer ins Nichts hinaufheben.
- Dürre Bäume mit künstlichen Blüten schmücken.
- Mit feiner Klinge widersprechen.

Hinweis: Umfassende Erläuterungen finden Sie auf Seiten 172 ff.

Strategeme der Zurückhaltung

- Nicht Wissen vergrößert den Raum des anderen.
- Niemals annehmen, etwas wissen zu können.
- Laß unverschämte Worte bei offenen Fenstern davonfliegen.

Hinweis: Umfassende Erläuterungen finden Sie auf Seite 184 ff.

Strategeme der Diskretion

- Nichts sehen, nichts hören, nichts riechen und nicht darüber sprechen.
- Der Fürst wirft seine goldglänzende Haut ab.
- Der Sucht des Lästerns die Nahrung entziehen.

Hinweis: Umfassende Erläuterungen finden Sie auf Seite 195 ff.

Strategeme der Führung

- Den König zu seinem Segen verpflichten.
- Man folgt gerne dem Gerechten.
- Charismatische Felder schaffen.
- Einen Sog auslösen.

Hinweis: Umfassende Erläuterungen finden Sie auf Seite 202 ff.

Literaturhinweise

Assagioli, Roberto: Die Schulung des Willens, Junfermann
Bandler, Richard: Unbändige Motivation, Junfermann
Brand, Rolf: Aikido, Falken
Buber, Martin: Reden über Erziehung, Lambert Schneider Serie
Carnegie, Dale: Sorge dich nicht, lebe!, Scherz
Ciompi, Luc: Die emotionalen Grundlagen des Denkens,
    Sammlung Vandenhoeck
Csikszentmihalyi, Mihaly: Living Well, Weidenfeld & Nicolson
Feldenkrais, Mohsé: Bewußtheit durch Bewegung, Suhrkamp
Fey, Gudrun: Gelassenheit siegt!, Fit for Business, Walhalla
Frankl, Viktor E.: Trotzdem Ja zum Leben sagen, dtv
Fromm, Erich: Die Kunst des Liebens, Ullstein Materialien
Fromm, Erich: Haben oder Sein, dtv
Goleman, Daniel: Emotionale Intelligenz, dtv
Hay, Luise L.: Gesundheit für Körper und Seele, Heyne
Hayek, Friedrich A.: Der Weg zur Knechtschaft, Aktuell
Herriegel, Eugen: Der Zen Weg, Otto Wilhelm Barth
Jeier, Thomas: Manitou für Manager, Econ
Johnson, Spencer: Eine Minute für mich, Rowohlt
Kirchner, Baldur: Rhetorik für Führende, Gabler
Klages, Ludwig: Grundlage der Wissenschaft vom Ausdruck,
    Bouvier
Knigge, Adolph Freiherr von: Über den Umgang mit Menschen,
    Reclam
Kopp, Sheldon B.: Triffst Du Buddha unterwegs, Fischer
Lang, Franz: Was mein Leben wertvoll macht, Metropolitan
Lay, Rupert: Die Macht der Moral, Econ
Lay, Rupert: Wie man sinnvoll miteinander umgeht, Econ
Lipps, Hans: Die menschliche Natur, Vittorio Klostermann
Mann, Rudolf: Der ganzheitliche Mensch, Fit for Business,
    Walhalla
Maturano, Humberto R.: Liebe und Spiel, Carl-Auer-Systeme
Meier-Seethaler, Carola: Gefühl und Urteilskraft, Beck'sche Reihe

Middendorf, Ilse: Der erfahrbare Atem, Junfermann
Musashi: Das Buch der fünf Ringe, Econ
Peck, M.Scott: Der wunderbare Weg, Goldmann
Pree, Max de: Die Kunst des Führens, Campus
Roshi, Koshi Uchiyama: Zen für Küche und Leben, Aurum
Ryborz, Heinz: Training zum Erfolg, Metropolitan
Schönfeldt, Sybil Gräfin: Das 1x1 des guten Tons
Sprenger, Reinhard K.: Das Prinzip Selbstverantwortung, Campus
Sprenger, Reinhard K.: Mythos Motivation, Campus
Tautz-Wiessner, Gisela: Lebensart, Ullstein
Weger, Michael: Vom Wirken des Herzens, Alekto

CommEnt Consulting Group

Institut für strategische Dramaturgie

CommEnt setzt sich aus dem Wort »*Comm*unication« und aus dem Wort »*Ent*ertainment« zusammen. *CommEnt* will zeigen, wie Erlebnisse funktionieren und anderen helfen, Erlebnisse zu optimieren.

Auf Basis der kognitiven Psychologie, der Theaterwissenschaften und der klassischen Dramaturgie werden jene Tools aufgebaut, die seit dem Jahr 1996 als strategische Dramaturgie international bekannt geworden sind.

Training

In Seminare und Workshops bereitet CommEnt Kreative und Manager für die aufregenden Aufgaben der Erlebnisplanung vor: Einführungsseminare und Spezial-Workshops zu allen dramaturgischen Aspekten des Entertainments, für dreidimensionale Inszenierungen, Unternehmens-Kommunikation und Marketing.

Coaching

Mit der einfühlsamen Methode der Personen-Dramaturgie namens »24 Ways to Act« werden in Einzeltrainings Künstler, Manager und Politiker schonend für ein überzeugendes, befriedigendes Auftreten in der Öffentlichkeit vorbereitet.

Casting

Bedeutet die richtigen Leute für den richtigen Job auszuwählen. Vor allem, wenn diese Leute in der Öffentlichkeit agieren, verkaufen oder managen sollen. CommEnt arbeitet dabei mit dramaturgischen Anleitungen und Casting-Tools.

Supervising

Am Theater und beim Film gibt es den Beruf des Produktionsdramaturgen, der eine bereits laufende Produktion überwacht. Für Werbekampagnen, Shopping Malls, Entertainment-Parks oder Stadtentwicklungsprojekten werden kreative Prozesse überwacht und optimiert und vor allem geht es darum, zu helfen, Fehler bereits im Vorfeld zu vermeiden.

Service-Dramaturgie

Der Bereich eröffnet einen ganz und gar neuen und anderen Blickwinkel auf qualitative Kundenbetreuung. Erstellt werden Inszenierungen für Einkaufserlebnisse im Einzelhandel und für Service-Dramaturgie im Dienstleistungsbereich.

Ihr Kontakt:

blorenzoni@comment.co.at

wbernhard@comment.co.at

Stichwortverzeichnis